MÉMOIRE

ET DÉNONCIATION

POUR

LE S^R^. GUEFFIER, IMPRIMEUR,

ACCUSÉ DE CALOMNIE;

Contre le Sieur MÉHÉE, Accusateur.

À PARIS,

Chez P. GUEFFIER, Imprimeur-Libraire, rue Guénégaud, n°. 31;

Et chez tous les Marchands de Nouveautés.

1815.

Il me donna l'éducation qu'on donnoit alors. Je fis mes classes à l'Université, où j'appris le latin et ce qu'on y enseignoit de grec; deux langues sans la connoissance desquelles on ne pouvoit pas autrefois exercer la profession d'imprimeur. Au sortir du collége, je me livrai avec ardeur à la théorie préliminaire, puis à la pratique des procédés qui constituent cet art étonnant qui a produit et qui produira tant de merveilles et tant de monstruosités. J'y avois acquis une assez grande habileté, lorsque la réquisition vint m'arracher à mes foyers, à mes occupations, et me jeta dans la Belgique. Je fis la campagne de l'an VIII, et ayant obtenu mon congé je revins à Paris. J'y fus bientôt assez connu pour mériter la confiance successive de deux imprimeurs, M. Hacquart et madame Huzard, qui me mirent à la tête de leur maison, que je dirigeai, j'ose le dire, avec quelque succès et quelque honneur. J'eus le malheur de perdre mon père en l'an XII. L'année suivante je m'établis et me mariai. Je suis devenu père de famille. Il y a dix ans que je suis imprimeur-libraire, voilà tout.

J'avois goûté dans ma jeunesse de ce calme heureux qui régnoit dans cette vaste capitale ma patrie, et l'on me croira sans peine quand je dirai : que le tumulte, les malheurs, les sanglantes catastrophes dont mes yeux et mes oreilles avoient été sans cesse affligés depuis le renversement du trône, me l'avoient toujours fait infiniment regretter. Quand vint l'espoir de le voir relevé et occupé par son maître légitime, mon cœur se remplit d'une joie aussi vive que pure, et je me promis bien de contribuer de tout mon pouvoir à l'arrivée et à la consolidation de ce favorable événement.

En conséquence, tout ce qu'on me présenta dès la fin de février dernier, de prose, de vers, d'affiches de proclamations, en faveur de notre Monarque, fût accueilli par moi avec empressement, imprimé, publié, répandu autant qu'il fut en mon pouvoir; et je vis avec transport, comme toute la France, le retour simultané du Roi, de la liberté et du bonheur.

D'après ces dispositions, j'ai dû être charmé d'imprimer le *Journal Royal*, que j'imprime depuis son origine.

Le premier jour où cette feuille parut, il y fut question d'une diatribe du sieur Méhée, intitulée *Dénonciation au Roi*, pleine d'un *virus concentré* très-propre à inoculer tout de nouveau à des cerveaux mal organisés la terrible épidémie révolutionnaire qui a fait tant de maux à la France et à l'Univers. Le journal, en signalant cette production empoisonnée, ne fit l'éloge ni de l'ouvrage ni de l'auteur; cela n'étoit pas possible.

Dans son douzième numéro, ce même journal rappela deux ordres signés des sieurs PANIS et SERGENT, *administrateurs* de la commune de Paris, et contresignés MÉHÉE *secrétaire-greffier*. Ces deux ordres, datés l'un du 2 et l'autre du 4 septembre 1792, avoient été insérés, il y avoit environ dix-neuf ans, dans le numéro 1557 d'une feuille périodique appelée *Gazette Française*, à la suite d'une lettre d'un sieur L. Simon, de Chaumont-sur-Marne, du 5 avril 1796. Elle indiquoit plusieurs témoins pouvant certifier la vérité et même fournir les originaux des pièces qu'il attestoit. Le sieur Méhée, qui n'avoit rien dit dans le temps au sieur Simon, vint quelques jours après me demander le nom de l'auteur de l'article; et quand je lui répondis : «que c'étoit M. Simon «de Chaumont-sur-Marne», mécontent de ma réponse il me menaça de me traduire à la police correctionnelle. Je pris sa menace pour une plaisanterie, tout au plus pour une fanfaronnade; car, je l'avoue, j'étois persuadé qu'il ne l'oseroit pas. Je me trompois : il y a des gens qui osent tout, et c'est sur quoi je n'avois pas compté.

Il m'assigna donc, le 29 novembre dernier, à comparoître dans huitaine pardevant Messieurs les Président et Juges de la sixième chambre, jugeant en police correctionnelle. Son assignation fut bientôt suivie d'un *Mémoire sur procès*, farci de pièces justificatives, et clos par une consultation signée de Me. MAUGERET, avocat.

Je ne connoissois que le titre de la *Dénonciation* signée Méhée : je l'ai lue; l'indignation m'a saisi, et voici les conclusions que j'ai cru devoir prendre contre lui.

« A ce qu'il plaise au Tribunal renvoyer M. Gueffier de la cause, avec amende, dépens; et pour l'indue vexation, condamner, et par corps, le sieur Méhée, accusateur, en 10,000 fr. de dommages intérêts. Et particulièrement donner acte au sieur Gueffier de ce qu'il dénonce à M. le procureur du Roi un imprimé signé Méhée de la Touche, en trente-deux pages, intitulé *Dénonciation au Roi*, cause du procès en calomnie intenté contre lui sieur Gueffier : Comme contraire au respect dû au Souverain ; Comme n'étant qu'une ironie insolente et soutenue du commencement à la fin ; Comme calomniant à-la-fois les sujets et le Monarque de la manière la plus audacieuse ; Comme renouvelant la chimère effrayante de la souveraineté du peuple ; Comme attaquant l'ordre de successibilité au trône et niant les droits de la dynastie des Bourbons à ce même trône ; Comme bravant la majesté royale, et la vérité sans pudeur ; Comme insultant et condamnant le sentiment social et religieux, le plus doux et le plus sacré, celui de la pitié et du touchant souvenir de nos

» proches décédés, que nous recommandons à la
» miséricorde divine; Comme supposant qu'il existe
» encore parmi les Français des factieux dont il se
» donne pour l'organe et dont il menace; Comme
» contenant, au sujet des prêtres, des mensonges
» impudens; Comme faisant l'apologie du régicide;
» Comme outrageant la nation française, qu'il fait
» complice du plus exécrable des forfaits, l'assas-
» sinat de son souverain; Comme peignant la France
» livrée à l'arbitraire, où personne ne peut plus
» compter sur sa liberté individuelle, et où *les*
» *hommes sont livrés comme des bêtes aux chaînes*
» *et aux fouets de leurs gardiens;* Comme ou-
» trageant la *puissance législative et les ministres*
» *du Roi;* comme rendant le chef de la grande
» famille suspect à ses enfans, et jetant dans l'ame
» de ceux-ci les germes d'une horrible défiance;
» Comme appelant à grands cris les dissensions et
» la discorde; et enfin comme le libelle le plus cri-
» minel qui ait pu être publié dans les circons-
» tances; pour être, par M. le procureur du Roi,
» fait les informations qu'il croira nécessaires, pris
» les conclusions prescrites par la loi, et par le tri-
» bunal être ordonné ce qu'il jugera convenable. »

Ces conclusions lues au tribunal, mon avocat crut que l'ordre naturel de la défense étoit de commencer par faire connoître la production qui avoit créé le procès; et il débuta par cette observation, que, quoiqu'il soit vrai « que ce n'est point en récri- » minant, mais en prouvant son innocence qu'un » accusé se justifie (1), » néanmoins il se voyoit forcé de procéder d'abord à l'examen de l'écrit qui

---

(1) *Non relatione criminum sed innocentiâ reus purgatur.* *ff.* DE PUBL. JUD. *L.* 5.

servoit de prétexte à la plainte, prenant au reste l'engagement très-formel de ne rien laisser désirer à cette partie de son plaidoyer qui contiendroit ma justification. Il entama donc la cause par l'extraction des textes prévaricateurs de ce perfide libelle, qu'il accompagnoit de courtes réflexions pour en indiquer le scandale et prouver la justesse de chacun des chefs de mes conclusions.

Déjà il étoit avancé dans sa tâche, lorsque le sieur Méhée et son défenseur s'opposèrent à ce qu'il continuât, prétendant : « qu'une dénonciation ne pou- » voit pas se faire ainsi ; que déjà l'écrit avoit passé » par la censure de la Cour royale (ce dont ils ne rapportoient aucune preuve), etc. etc.

Peut-être la lecture des conclusions prises en présence du sieur Méhée sans réclamation de sa part ; peut-être cette lecture, écoutée par les juges sans observation, avoit-elle suffisamment formé le contrat judiciaire, et donné le droit à l'avocat de développer son système ; mais le tribunal ayant voulu sur cet incident entendre M. le procureur du Roi, qui s'en rapporta à sa prudence, le Tribunal, dis-je, après s'être retiré pour délibérer, prononça : « que » mon défenseur se renfermeroit dans la discussion » de l'accusation de calomnie intentée par mon ad- » saire. »

Cependant cette dénonciation qui n'étoit pas faite régulièrement à l'audience ; cette dénonciation qui révèle toute la déloyauté du pamphlet du sieur Méhée ; qui le met à nu dans sa difformité, sera-t-elle perdue ? Non. Il faut éclairer ceux que le libelliste put aveugler ; ramener dans le bon chemin ceux qu'il voulut égarer ; le convaincre lui-même de mauvaise foi, de mauvaise intention, de doctrines perverses, et dévoiler au ministère public une diatribe insurrectionnelle qu'il seroit peut-être pernicieux de tolérer ; sauf à la sagesse de ceux à qui ce ministère est confié, de laisser la loi se taire ou de la faire parler.

Mon défenseur disoit donc :

« Je ne m'épuiserai pas en subtiles interprétations » de l'écrit que j'accuse, ni en longs raisonnemens » sur les conséquences qui en résultent, il me suf- » fira de citer ; et si je fais quelques réflexions, » elles seront brièves. En pareille matière, déve- » lopper c'est au moins affoiblir, quand on n'éteint » pas ; c'est faire preuve d'acharnement où il n'en » faut que d'un zèle pur. »

Le seul titre est une impudente assertion faite pour révolter tout français vraiment français :

DÉNONCIATION AU ROI *des actes et procédés par lesquels les ministres de S. M. ont violé la constitution, dénaturé l'esprit et la lettre des nouvelles ordonnances* ET DÉTRUIT L'EXCELLENT ESPRIT QUI AVOIT ACCUEILLI LE RETOUR DES BOURBONS. Par M. *Méhée de la Touche*, ancien chef de division, etc. *Troisième édition.*

« Son préambule est une audacieuse dérision, de » laquelle il suit : que les peuples et les souverains » doivent écouter tous les Méhée à peine de *tomber* » *dans l'abîme*, de s'en repentir et d'être flétris par » l'histoire, les uns comme des esclaves stupides, et » les autres comme de farouches despotes.

» Et après avoir, par une misérable jonglerie, » excepté notre Roi et son peuple, il ne cesse d'a- » dresser à l'un et à l'autre tous les reproches qu'il » a pourtant assuré qu'ils ne mériteront jamais. »

Heureusement, SIRE, *ces reproches ne seront jamais mérités par vous ni par les peuples qui vous sont soumis. V. M. est trop éclairée pour n'avoir pas prévu le cas où l'inexpérience de ceux qu'elle a préposés à la conduite des affaires rendroit nécessaire son intervention entre le peuple et les ministres* (page 2). « Après, dis-je, avoir posé ce » fait qui lui commandoit de se taire, il en part » pour donner carrière à son insolence. »

Et son premier mot est une double calomnie que ni le souverain, ni les sujets, ni vous, Messieurs, qui faites partie de ces derniers et qui représentez l'autre dans ses plus augustes fonctions, ne pourrez lui pardonner :

On vous entretient, SIRE, *dans une erreur déplorable si l'on vous persuade que l'esprit public est aujourd'hui ce qu'il étoit à l'époque de votre retour. La joie si pure dont vous étiez à la fois le témoin et la cause, a fait place à cette inquiétude sombre, à cette méfiance générale, aliment ordinaire des factions et premier moyen des désorganisateurs. La sécurité que vos douces paroles avoient inspirée a fui devant les mesures prises coup sur coup par vos ministres, et ces agens infidèles ou maladroits se sont conduits comme s'ils avoient pris à tâche de prouver que les principes consolateurs professés par V. M.* N'ÉTOIENT QU'UN PIÉGE POUR TROMPER LA NATION, ET L'UN DE CES MOYENS QUE LE MACHIAVÉLISME DES TYRANS A TOUJOURS EMPLOYÉ POUR ENDORMIR SES VICTIMES AVANT DE LES IMMOLER. (pag. 5)

« Et qui sont donc ceux dont il signale ainsi le » refroidissement? » *Ce ne sont pas les rares et faibles partisans du régime renversé, ce ne sont pas non plus des désorganisateurs et des malveillans*, C'EST LA FRANCE ENTIÈRE, CE SONT LES ROYALISTES LES PLUS PRONONCÉS, CE SONT LES ÉMIGRÉS MÊME, *qui craignent*, AVEC RAISON, *que le peu d'accord qu'ils remarquent entre les promesses sacrées de V. M. et les actes du Gou-*

vernement n'amène de nouvelles tempêtes et n'ajourne indéfiniment le repos dont ils commençoient à jouir ainsi que nous. (pag. 5, 6).

« Quoi! ce seroit de cette manière que nous re-
» connoîtrions les bienfaits de cette providence
» tutélaire qui, nous rendant nos légitimes maîtres,
» nous a délivrés de cette tourbe de tyrans brutaux
» qui nous ont tour-à-tour et si long-temps foulés
» sous leurs pieds immondes! Quoi! nos cœurs
» ingrats accueilleroient le murmure, feroient, au
» lieu d'action de grâce, entendre des plaintes! Non,
» laissons dire le sieur Méhée. Il n'est pas un écho,
» et il n'en a point. Ah! ce ne sont pas des hommes
» de sa trempe que la nation prend pour ses confi-
» dens. Elle a d'autres organes; elle sait que son Père
» ne peut vouloir la tromper; et les accens reten-
» tissans de sa joie, de sa gratitude envers la Divi-
» nité, ses vœux si hautement, si généralement
» prononcés pour que LOUIS-LE-DÉSIRÉ fasse long-
» temps son bonheur en régnant long-temps sur
» elle, sont des interprètes de ses sentimens bien
» différens et bien autrement croyables que les déni-
» gremens de l'anarchie et les aboiemens des cons-
» pirations agonisantes que le sieur Méhée prête
» aux français, mais à leur insu. »

Il ne lui suffit pas de calomnier et le souverain et son peuple. Il porte une main sacrilége sur le *palladium* du repos, de la liberté et de la félicité nationales. Il attaque les droits de l'auguste famille des Bourbons au trône héréditaire de France.

Pourquoi n'est-il pas dit que notre prince est ROI PAR LE CHOIX LIBRE DE LA NATION, COMME CELA EST EN EFFET? (pag. 6)

« Ainsi le révolté veut encore ramener au milieu
» de nous le fantôme de cette métaphore san-
» glante, dévastatrice, de la souveraineté du peuple!

» C'est, selon lui, le peuple qui, en rappelant le » frère de Louis XVI, a fondé une nouvelle dy- » nastie, qu'il sera le maître de changer au gré des » Méhée de la Touche ou de ses affreux sem- » blables ! »

Je ne lui ferai pas l'honneur de lui demander où et quand s'est passée cette prétendue inauguration ? mais je vous ferai observer qu'à l'entendre, le Roi lui-même auroit adopté sa désespérante fable. Cette formule : LOUIS, PAR LA GRACE DE DIEU, qu'il qualifie de *triviale*, adoptée par notre Monarque, *signifie*, dit-il, *selon ce prince pieux*, *par la volonté du peuple*, à qui Dieu a inspiré cette *volonté*. Puis il continue : *La formule par la grâce de* DIEU, *est bannale et superflue. La religion nous a ap- prîs que rien n'arrive dans le monde sans la per- mission de* DIEU...... *Que* DIEU *a permis le règne des jacobins, celui des comités, du gouvernement révolutionnaire, du directoire, des consuls, d'un empereur*, *etc. etc. Tout cela est arrivé par la grâce de* DIEU. (pag. 7.)

« Nullement, sieur Méhée : ce n'est pas *par sa* » *grâce*; mais c'est dans sa colère, dans sa fureur, » qu'il nous a donné les constituans, les législatifs, » la convention, les directeurs, les consuls, l'em- » pereur et notamment la commune de 1792, dont » vous étiez. Et c'est en effet par une faveur spé- » ciale, *par sa grâce*, qu'il nous a miraculeusement » rendu ce Roi légitime, après lequel soupirait la » France si ardemment depuis tant d'années. »

Et vous ajoutez : » *Lorsqu'un prince est touché et reconnoissant, il n'est pas naturel qu'il se vante du* MOINS *lorsqu'il peut citer le* PLUS *en sa faveur*. (ib.)

« Rien donc ne vous en impose, ni la Majesté » divine que vous blasphêmez, ni la Majesté royale » que vous détruisez ! Comment ! *le moins* est DIEU, » et *le plus* est le peuple ? Comment ! dans votre

» chétif cerveau, la créature l'emporte sur le créa-
» teur! Et plus outre-cuidé que cet ange rebelle qui,
» le premier, fit retentir dans les demeures célestes
» ce cri impie de l'égalité et de la liberté, vous
» n'êtes pas content de vous proclamer l'égal de
» l'essence divine, dans l'accès de votre délire vous
» ne craignez pas, en qualité de fragment du peuple
» souverain, d'afficher la prétention de vous placer
» au-dessus d'elle! »

« Eh! ne pensez pas qu'il s'en tienne à ce que
» vous venez d'entendre, il s'acharne à son texte
» révolutionnaire: »

Le même esprit de religion qui a consacré que les rois et les bergers sont égaux devant Dieu, ne permet pas non plus, suivant nous, à un prince modeste, la pensée que Dieu se soit plus occupé de lui que de tout autre, et que le ciel ait décidé que ce seroit Louis plutôt que Pierre ou Philippe, qui feroit exécuter les lois en France. Ce qui répondoit à tout: C'EST QUE LE PEUPLE FRANÇAIS L'A VOULU. (pag. 8.)

» Que dites-vous, Messieurs, de la leçon évangé-
» lique donnée au Roi par le jacobin Méhée? Que
» dites-vous encore de son impudence? Mais je lui
» répondrai: Non, Sieur Méhée, les Français ne l'ont
» pas seulement voulu, ILS ONT DU LE VOULOIR.
» Et le Souverain est trop instruit de ses droits, et le
» peuple de ses devoirs, pour qu'excepté les Méhée
» et consorts, il y ait eu sur ce point, du nord au
» midi de la France, aucune divergence d'opinions.
» Au reste, Messieurs, le sieur Méhée est aussi bon
» théologien que grand publiciste. Il est vrai que
» Dieu ne fait acception de personne. *Non est ac-*
» *ceptor personarum Deus* (1). L'Ecriture le dit.
» Mais cela est vrai en ce sens, que Dieu deman-

(1) Act. Apost. 17. 34.

» dera compte aux Rois de la conduite de leurs
» sujets, comme aux bergers de celle de leurs
» troupeaux; mais il est tout aussi vrai que cette
» même Ecriture manifeste sans cesse le soin spé-
» cial que Dieu prend des Rois qui le représentent
» en quelque sorte sur la terre, et qu'elle inculque
» partout le respect, la vénération que ce titre de Roi
» doit concilier à leur personne sacrée de la part de
» tous les hommes. Elle les appelle du nom de
» *Christ*; *oints*. Le Seigneur donnera l'empire à son
» Roi, il exaltera les signes de la puissance de son
» Christ. *Dominus dabit imperium Regi suo. Su-*
» *blimabit cornu Christi sui.* (1) Et ailleurs:
» Gardez-vous de toucher à mes Christs, *Nolite*
» *tangere Christos meos* (2). »

« Je ne m'arrêterai pas aux commentaires tou-
» jours aussi faux qu'impudens du sieur Méhée, à
» propos d'une phrase de je ne sais quel journaliste,
» qui complimente le prince royal d'Angleterre sur
» les services qu'il a rendus au Roi relativement à la
» restauration. Cette phrase, il en fait honneur aux
» ministres pour les affubler de son manteau et leur
» attribuer son propre dessein *d'humilier la nation*
» *et de ravaler la majesté royale.* (pag. 8.) »

« Mais où il brave celle-ci sans pudeur, où il insulte
» sans mesure aux principes et à la vérité qu'il invo-
» que, c'est dans le passage suivant: » Sa Majesté
a reconnu, il y a quelques mois seulement, qu'elle
étoit appelée au trône par l'amour de ses peu-
ples, et les ministres lui font dater tous ses actes
de l'an 19 *de son règne!.... Quel peut être le but*
d'une singularité qui donne un démenti au Prince
lui-même, à la raison et à la vérité? (p. 8 et 9.)

---

(1) Reg. 2. 10.

(2) Paral. 16. 22.

En faisant grâce au sieur Méhée de toute observation sur l'insolence du fond et sur la licence de l'expression de la suite de ce fragment ainsi conçu : *Et si l'on a le projet d'obéir au Roi qui a déclaré ne vouloir dater que du 12 mars, pourquoi ces excursions dans le passé? Pourquoi toujours rétrograder? En un mot pourquoi mentir?* (pag. 10), » qu'il termine par une question adressée aux ministres du Roi, et qu'il n'oseroit pas faire en ces termes au dernier des gardes nationaux de la capitale ; mais, dis-je en l'abandonnant à son cynisme, » que lui et sa clique, s'il a une clique, nous indiquent dans quel acte Louis XVIII a déclaré ne » vouloir dater les années de son règne que du 12 » mars ? Sinon, qu'ils soient convaincus d'imposture. Ensuite qu'ils nient : que depuis quatorze » siècles la France est un état monarchique qui a des » lois fondamentales ; que l'une de ces lois, qui n'a » pas souffert de violation à partir de Hugues-Capet, » c'est que la souveraineté y est héréditaire et qu'elle » passe de mâle en mâle, et par ordre de primogéniture, aux individus de la famille régnante ; » qu'ils disent si dès-lors il n'est pas constant : que » le jeune, l'infortuné Louis XVII, a succédé au » bon, à l'infortuné Louis XVI, son père ? Contesteront-ils que, si selon tous nos publicistes, le » Roi ne meurt jamais en France, il n'est par » conséquent pas indubitable que Louis XVIII » a remplacé de droit immédiatement Louis XVII ? » Seront-ils assez effrontés pour soutenir qu'une » poignée de brigands atroces, vomis par l'enfer, » et parmi lesquels lui Méhée, n'a jamais, malgré ses » efforts, joué qu'un rôle contemptible, ont eu le » pouvoir, en se mettant en opposition avec la masse » des bons Français, de changer par la violence une » forme de gouvernement, et d'anéantir des droits » qui reposoient sur une possession de quatorze

» siècles ? Oui, quand ils l'oseroient, ils ne pourroient pas répondre. Il est des évidences d'une » telle nature, qu'elles en imposent même à l'audace » incommensurable de la révolte et de l'usurpation. »

Le sieur Méhée, semblable à ces harpies du poète, corrompt tout ce qu'il touche. Il fait déclarer à S. M., *que tout ce qui avait rapport* A DES ACTES, *votes et opinions antérieurs à la restauration, seroit livré à l'oubli. Elle a daigné faire de cet oubli une des clauses principales de la charte.* (pag. 10.)

« Mais la charte se tait sur les *actes ;* elle se con» tente de dire, art. 11 : *Toutes recherches des opi» nions et votes jusqu'à la restauration sont » interdites*. Apparemment le sieur Méhée, ou quel» ques-uns de ses amis, ont besoin que l'indulgence » s'étende des *opinions* AUX ACTES. C'est ce qu'on » saura quelque jour.

» Au reste, il ne se contente pas de tenter d'arra» cher de notre mémoire les maximes impérissables » du droit politique et civil de la France, il prétend de » plus extirper de nos cœurs ces doux sentimens » de tendresse et d'attachement pour nos proches, » auxquels les siens ont ravi le jour, et surtout » étouffer cette pensée religieuse : qu'ils nous atten» dent dans un autre monde; que nos souvenirs, nos » humbles prières, leur peuvent obtenir les grâces » de ce Dieu tout-puissant et tout bon, qui les créa » foibles pour les fortifier, enclins au vice pour » leur donner le mérite des vertus, et qui, s'il reste » à leurs ames quelque attrait pour le crime, les » fait passer par une purification temporaire avant » de les admettre dans ce séjour d'éternelle félicité, » où, d'après nos dogmes, rien de souillé ne sau» roit entrer. »

Est-ce, vous dit-il, *comme moyen d'oubli que les autorités et tout ce qui tient à elles, les prêtres, les écrivains et les journalistes*, *ont proclamé à l'envi ces commémorations funéraires en l'honneur de tout ce qui a péri victime de l'un des partis qui ont divisé la France? Est-ce pour les faire oublier... que l'on essaie de couvrir la France d'un crêpe funèbre et de la transformer en un vaste lacrymatoire?* (pag. 10 et 11.)

Il nous menace de représailles, et se constituant le représentant des brigands du 10 août, il nous la fait craindre en leur nom : *Et que diroient nos ministres si nous choisissions ce moment pour renouveler les hommages funèbres que nous avons rendus jadis aux hommes qui ont péri au* 10 *août dans la lutte du peuple contre ce qui étoit resté de défenseurs au trône.* «(Quelle audace! Jamais en vit-on de pareille!
» Quoi! sous les fenêtres de Louis XVIII il oseroit
» aller processionnellement rappeler, renouveler la
» pompe funèbre faite en l'honneur d'infâmes révoltés
» qui avoient péri en assiégeant Louis XVI dans son
» château, et, précurseurs de ses assassins, avoient as-
» sassiné ses amis les plus fidèles!) *Si nous voulions dans ces jours de réconciliation générale rappeler les assassinats commis sur les patriotes, au fort Jean* (1) *de Marseille, à Lyon, à Avignon, etc., et appeler une pitié intempestive sur les victimes immolées, de l'aveu des assassins, en holocauste et en expiations d'autres assassinats.* Et puis il qualifie notre deuil *de démonstrations hypocrites d'une douleur que ne comporte pas la nature de l'homme.* (Il veut dire de l'homme Méhée.) *Le père le plus tendre, le fils le plus pieux, le frère le plus désintéressé, ne pleurent que pendant un temps les objets les plus chéris. Les larmes tarissent, la douleur meurt comme tout le reste; et si quelquefois la mémoire de nos anciennes afflictions vient nous dérober une larme, cette larme coule isolée et solitaire.*

---

(1) Il n'a garde de dire *Saint-Jean*, le sieur Méhée.

Un cœur sec n'a qu'une larme. Quand la douleur est sincère elle paroît malgré nous, et celui qui peut se montrer avec un air riant, est rarement vraiment triste. *Elle fuit cet éclat qui la rendroit suspecte, et n'a besoin ni de prédicateurs ni de journalistes.* (Une larme qui fuit l'éclat, et qui n'a pas besoin de prédicateurs ni de journalistes! Quelle larme curieuse!) *La vertu est belle par elle-même; mais, Messieurs, la vertu véritable est modeste, et la vôtre fait un vacarme dont le moindre inconvénient seroit que bien des gens n'y croiroient pas.* (Les Méhée permis à eux!) *Le plus sage est d'obéir au Roi qui veut que l'on oublie tout de part et d'autre. Croyez que vous êtes aussi intéressés que nous à cet oubli.* (pag. 12.)

« L'OUBLI! Le silence peut s'ordonner, il dépend » de nous; mais il y a long-temps que Tacite l'a re- » marqué, l'oubli n'en dépend pas (1). »

Veut-on un exemple de la véracité du libelliste?

LE ROI AVOIT promis de laisser chacun dans les postes qu'il occupoit, *et les agens de l'autorité royale ne sont pas plutôt nommés, que tous les employés de l'ancien gouvernement sont renvoyés sous le prétexte spécieux d'économie, mais dans le fait pour faire place à une nuée de prêtres, à l'ambition desquels le service des autels n'offre plus rien de satisfaisant. On se plaignoit naguère de la pénurie où nous étions tombés dans ce genre; il n'existoit pas, disoit-on, assez de ministres pour desservir les temples! Il faut que Dieu ait fait en leur faveur un miracle particulier, car en six mois on a trouvé le moyen, non-seulement d'en fournir les églises, mais encore les ministères, les administrations, les bureaux, les agences, et tous les*

---

(1) *Non tàm in nostrà potestate est oblivisci quàm tacere.*
IN VIT. AGRIC.

postes où il y a de l'argent à gagner et des chefs de famille à remplacer. (Pag. 13.)

« Si cette *dénonciation* faite, non pas pour le
» Roi, mais pour ses ennemis et pour tous ceux
» qui le sont de la fortune et des prospérités de la
» France, ne devoit circuler que dans la capitale,
» ces faussetés, ou tout au moins ces perfides exa-
» gérations, produiroient peu d'effet. Les personnes
» de Paris qui tiennent aux administrations, ou qui,
» ayant des relations avec elles, connoissent leur
» composition, donneroient un démenti à-peu-près
» complet au libelliste ; mais cette production veni-
» meuse est lancée dans les départemens, avec le
» projet bien palpable de semer le soupçon, de solli-
» citer le mécontentement, d'encourager le mur-
» mure. Dans ce cas, son auteur traité publique-
» ment de *fabricateur d'impostures*, ne serait pas
» puni ; que lui importe ! Alors, sans doute, il
» doit éprouver l'animadversion de l'autorité judi-
» ciaire. »

Mais passons, quoi qu'il en coûte d'horreur à surmonter, à l'apologie du plus exécrable des forfaits.

Le Roi *veut oublier les votes et les opinions. N'est-ce pas braver insolemment la volonté du monarque, que de chasser comme on a fait, de tous les emplois publics, tous les hommes qui, dans le procès de Louis XVI, ont adopté l'opinion fatale à ce malheureux prince? Ce sont des assassins, nous dit-on à la tribune de nos chambres législatives et dans les journaux dirigés par les ministres. Mais depuis quand des hommes établis juges par une grande nation, sont-ils responsables de l'arrêt que leur conscience bien ou mal éclairée leur a dicté? Je suis loin de prétendre borner la liberté des opinions d'un législateur ou d'un écrivain ; mais j'oserois assurer que ceux qui s'expriment ainsi* MÉRITEROIENT UNE PUNITION EXEMPLAIRE, *non pas parce qu'ils ont été injustes ou insolens, mais parce qu'ils violent l'un des principaux articles de la Constitution.* (Pag. 14.)

« Comment, Messieurs! nous ne pourrons plus,
» sans être *injustes* ou *insolens*, nommer *assassins*
» des *assassins?* et quels assassins, ceux de leur
» Roi! Comment! la constitution nous commande
» la considération pour eux! et elle exige de nous
» qu'en en parlant le respect soit sur nos lèvres! Et
» si nous en croyons le sieur Méhée, nous devons
» le faire entrer de force dans nos cœurs! DIEU
» veuille que du respect il ne passe pas à l'amour!

» Mais dans quelle circonstance, par quel acte
» la nation avoit-elle établi ces scélérats juges de
» leur Roi? De quel droit ces abominables enfans
» ont-ils porté la main sur leur père, le meilleur
» des pères, l'ont-ils fait périr sur un infâme écha-
» faud? O honte! O douleur! O ma patrie! quel
» terrible affront ils nous ont fait! A quelles expia-
» tions ne se soumettroient pas tous les habitans de
» la France pour effacer de ses fastes ces jours à
» jamais détestés, ces jours de deuil et d'éternelle
» ignominie! Eh bien! ce sentiment général que ne
» partage pas le sieur Méhée, il soutient, parce qu'il
» ne le partage pas, que la nation est aussi détestable
» que lui; il veut absolument, après l'avoir rendue
» complice du plus grand des attentats, qu'elle soit
» disposée à couvrir de son bouclier, à défendre
» même avec son épée les auteurs abhorrés de
» sa honte et de ses mortels regrets. Ecoutez-le:

On croit peut-être endormir la nation en paroissant ne poursuivre que quelques centaines d'individus accusés de ce délit; mais d'abord il est de principe que dans l'état social toute la société est lésée quand un individu est injustement opprimé. (Ainsi la punition d'un régicide seroit une injuste oppression qui léseroit toute la société! Quel renversement d'idées et de principes!) *Et puis croit-on nous persuader qu'après ceux-ci on oubliera les crimes bien plus graves des hommes qui, n'étant obligés à rien dans cette question, se sont librement et volontairement expliqués sur ce grand et terrible acte de la convention nationale?* (L'assassinat juridique du Roi est un grand et terrible acte! *Terrible*, on l'entend; mais GRAND!) *Oubliera-t-on que cinquante mille communes avoient chacune à cette époque deux ou trois comités qui se sont empressés d'applaudir à leurs représentans? Oubliera-t-on les adresses innombrables par lesquelles on s'est hâté de féliciter la Convention, et les deux millions de signatures qui attestent l'assentiment volontaire de tant d'hommes?* (p. 14 et 15.)

« A qui le sieur Méhée consacre-t-il cette odieuse » révélation? Si ce n'étoit au moins qu'aux seuls » Français, il ne retireroit de cette imputation flé» trissante que la confusion de l'avoir publiée; car il » n'est pas vrai que deux millions de signatures » aient approuvé l'effroyable égorgement de Louis» le-Saint, et je défie le sieur Méhee d'en administrer » la preuve. Ah! sans doute quelques misérables clu» bistes, quelques artisans forcenés de ruine, de » dévastation, quelques amans d'incendie et de » pillage, quelques fils de Bélial, comme les nomme » l'Ecriture, ont, non pas *envoyé*, mais *renvoyé* » des adresses de félicitations aux tigres convention» nels, dont la plupart des signans redoutoient la » griffe et la dent. Mais qui d'entre nous ignore la » tactique de ces vils papiers? On les faisoit partir » tout dressés de Paris où l'on ne recevoit que ces » copies commandées des originaux qu'avoit dictés » le besoin de se faire des sectateurs, qu'on tâchoit » par là d'adapter au crime, après les avoir d'abord

» intéressés au butin ; et néanmoins, peut-être, les » deux millions de signatures qu'articule le sieur » Méhée n'en fourniroient pas réellement dix mille.

» Il le sait bien. Il sait bien encore que le gouver- » nement paternel que nous avons heureusement » recouvré, n'ira pas fouiller dans le cloaque des » archives de ces ignobles et désastreux tyrans qui » nous ont si cruellement gourmandés, pour y cher- » cher des motifs d'accusation, dans un assentiment » qui n'a, en général, pu être donné que comme » *forcé et contraint*, ou dans un accès de démence. » Il le sait bien, dis-je, le sieur Méhée ; mais cela » ne l'empêche pas d'appeler aux armes tous ceux » qu'égarèrent le crime ou les criminels. Il les in- » vite, en chef de bande, à se ranger autour des » *votans la mort*, dont il affirme que la cause *leur* » *est commune.* Il leur impose l'obligation de leur » faire un rempart de leurs corps.

Au fond, la cause des votans est celle de tous ceux qui ont approuvé l'arrêt, et c'est une armée de deux millions d'hommes qui se trouve aujourd'hui obligée de se mettre en défense contre l'attaque impolitique de ceux qui ont dispersé son avant-garde. (p. 16.)

» Si encore il s'en tenait là ! Mais non, Messieurs, » le sieur Méhée veut intéresser l'armée dans sa » querelle. Il attache les braves, et certes sans les » consulter, au sort des buveurs du sang royal, et » ses vœux impies appellent la guerre civile qu'il a » l'air de vouloir éviter.

On a grand soin, dans ces sortes de proscriptions, de paroître excepter l'armée ; mais outre que la nature des considérations qui forcent à ces ménagemens n'échappe à personne, est-ce qu'en pareil cas l'armée peut être étrangère à la nation?... Est-ce que nos soldats ne sont pas nos enfans, nos frères, nos gendres et nos amis ?... Est-ce que l'on peut menacer les familles de cinq cent mille hommes, sans que ces cinq cent mille hommes soient menacés ? Chacun de nos soldats ne doit-il pas rentrer incessamment dans nos foyers, où il se trouvera, sans s'en douter, fils, cousin ou gendre d'un assassin ou d'un partisan de l'assassinat ? Est-ce comme cela que l'on termine les discordes civiles ? Et une poignée de fanatiques viendra-t-elle ainsi insulter et proscrire deux générations ? (p. 16 et 17.)

» Certes, on ne peut pas mieux plaider la cause » des régicides. Oui, sieur Méhée, à tant de chaleur » pour les meurtriers du Monarque on reconnaît » votre haine pour la monarchie, et ce seroit bien » en vain que vous tenteriez désormais de nier, » mollement, à la vérité, cette lettre du 17 septembre » 1792, que, tout chaud encore de la boucherie » de Saint-Firmin, des Carmes et des prisons, vous » envoyâtes à la section du Panthéon délibérant sur » le genre de gouvernement que l'on devoit exiger » de la Convention : *Si jamais ce qu'on appeloit » un Roi, ou quelque chose qui ressemble à cela » ose se présenter en France, et qu'il vous faille » quelqu'un pour le poignarder, veuillez m'inscrire au nombre des candidats ; voilà mon » nom.* Méhée.

» Cette lettre, qui fait dresser les cheveux sur la » tête, vient d'être réimprimée dans la première » page d'une réponse au sieur Méhée de la Touche, » signée *Drumare* ; et le sieur Méhée de la Touche, » si jaloux de son honneur, si chatouilleux en fait » de réputation, qui traîne au tribunal le sieur » Gueffier à propos d'une insertion de son nom » dans une feuille périodique, insignifiante à côté de » cette épître sacrilége, le sieur Méhée, dis-je, reste » muet et tranquille devant M. Drumare !

» Eh ! qui sait s'il ne s'applaudit pas au fond de

» l'ame, *d'être*, pour me servir de ses termes, » (page 26 de son mémoire), « *une espèce de Brutus* ou » de Mutius Scevola, quand il ne seroit qu'une » espèce de Ravaillac ou de Damien !

» Ce n'est pas au sieur Gueffier qu'il appartient » d'estimer ce qui est dû de réparation à la France, » vis-à-vis des étrangers, pour le déshonneur dont le » sieur Méhée cherche à la couvrir, ni ce que la jus- » tice doit de répression à ses déclamations incen- » diaires; c'est là dessus au zèle de M. le procureur » du Roi, c'est aux lumières des juges que l'on s'en » rapporte.

» Le sieur Gueffier va se contenter de signaler au » ministère public cette phrase page 22 du libelle : *La liberté de la presse nous garantissoit tout ce qui rend la vie heureuse et douce.* « Rien de doux » ni d'heureux pour le sieur Méhée, hors du métier » de libelliste. » *Elle nous assuroit nos propriétés, notre honneur.* « Oui, ils étoient fort en sûreté » avec des Méhée. » *Notre vie, et la punition de quiconque attenteroit à l'un de ces biens. La privation de cette garantie nous livre comme des bêtes aux chaînes et aux fouets de nos gardiens.*

» Il lui signalera la page 25, où le sieur Méhée » présente comme une contradiction avec les prin- » cipes de la constitution et un affront fait à vingt » mille officiers français, le traité par lequel, à l'ins- » tar de ses prédécesseurs, le Roi lève chez les » Suisses un régiment pour sa garde; la page 26, où » il éveille la méfiance des Français, où il inculpe le » ministère, qui a, dit-il, voulu des *muets*, en de- » mandant s'il ne voudroit pas aussi des *janissaires*? » La page 27, où il qualifie de vertu *la fidélité* à » Buonaparte, vertu dont il gratifie une troupe » nombreuse et invincible, qui, certes, désavoue » avec détestation cet éloge anti-français; et enfin la » pag. 31, où l'on lit cet épiphonême impudem-

» ment appliqué au ministre du Roi et au Corps » législatif :

Oh! que l'on est puissant quand on tient un portefeuille!

» La réfutation de M. Drumare apprend que dans » sa première édition (c'est la troisième qui est » déférée à M. le procureur du Roi), le sieur Méhée » avoit émis son opinion sur le *devoir* qui nous » est prescrit d'obéir aux lois : il le réduisoit aux » effets de la contrainte. *Le mot devoir*, disoit-il, *est peut-être ici un peu hasardé. On obéira comme on obéissoit à l'Empereur Napoléon. Peut-on appeler* devoir *la soumission du foible au fort? Soumission dont on s'affranchit dès qu'on devient plus fort que celui qui l'avoit imposée.*

» Ainsi vous voyez que les hommes de sa trempe, » toujours aux aguets de tout mouvement irrégulier, » convulsif, dans le corps politique, toujours dispo- » sés à l'exciter, sont toujours prêts à en profiter » pour se soustraire à l'autorité légitime, qui n'est » jamais pour eux que le droit du plus fort. Le sieur » Méhée, qui, comme tous les Rodomonts ses pa- » reils, craint au moins autant qu'il ose, a supprimé » des expressions dont on lui a fait sentir la consé- » quence, en lui citant certains articles du Code » pénal qui l'ont alarmé. Il s'est pressé de se corri- » ger, et sa palinodie vous donne la mesure de son » caractère. C'est un loup qui se fait berger. O vous » à qui la providence a confié la garde du troupeau, » défiez-vous de ses perfides mascarades! Il changera » son costume, mais jamais ses sanglans apétits.

» Au reste, qu'est-ce que cette légère amputation » à un libelle où je vous ai montré la représentation » du Père des Français sous la figure d'un de ces » simulacres du pseaume 113 : qui ont des yeux, » des oreilles, une bouche, des mains et des pieds, » sans voir, sans entendre, sans parler, sans tou-

» cher, et sans faire un pas; où ses ministres sont » peints comme d'insignes prévaricateurs indignes » de confiance et d'estime, qui corrompent ses in- » tentions et résistent à ses ordres; la chambre des » pairs et le Corps législatif, comme sujets à toutes » les influences; et cela dans le but non déguisé » d'inspirer le mépris pour le chef de l'Etat, la haine » pour ses agens, et par là souffler la révolte dans » l'ame de tous ses sujets. Et, à cet égard, les pro- » vocations directes à deux millions de Français, et » à l'armée elle-même, n'y sont-elles pas exprimées » sans détour! Les Français n'y sont-ils pas consi- » dérés sous les aspects les plus hideux, tantôt » comme auteurs, complices ou fauteurs du régicide, » et tantôt comme de vils esclaves dont la vie et la » liberté sont soumises à l'arbitraire le plus effréné? » Lui-même ne se déclare-t-il pas l'ennemi du Roi, » de sa famille et de la loi royale? N'affiche-t-il pas, » au milieu d'une constitution monarchique, un » criminel républicanisme? Ne prend-il pas le ton » et l'attitude d'un de ces conducteurs de sicaires » dont il déplore le sort? Ne se donne-t-il pas pour » le représentant de tous ces misérables, sans foi, » sans honneur, sans patrie, la honte de la France » et de l'humanité, desquels il a jadis autorisé, » partagé, applaudi les crimes atroces, et dont il » propose hypothétiquement de solenniser la com- » mémoraison funèbre?

» Mais où tendent les clameurs séditieuses, les cris » de rebellion du sieur Méhée? Ses intentions ne » sont pas douteuses: il voudroit faire rétrograder le » temps, nous ramener à ces jours de détestable » mémoire où toutes les horreurs, toutes les scélé- » ratesses se manifestant, couvrirent le sol français » de honte, de carnage, et le détrempèrent dans » toute son étendue de sang et de larmes; à ces jours » où il fut si avantageusement distingué parmi les

» anarchistes, les cabaleurs, les assaillans du trône » et des autels ? Mais qu'il cesse de se flatter, son » règne est passé.

» Cependant, frappé de ses sinistres tentatives, » le sieur Gueffier a songé que quand la manœuvre » du vaisseau de l'Etat, à la conservation duquel » nous sommes tous intéressés, comme membres » d'une grande famille, qui vogue, sous la con- » duite paternelle, sur la mer des événemens, pou- » voit être troublée par les machinations de la mal- » veillance, il lui étoit commandé, ainsi qu'à tous ses » compagnons de voyage, d'avertir ceux qui sont » chargés du maintien du bon ordre; de leur dési- » gner et le perturbateur et ses efforts pernicieux.

» Il a songé que le Code pénal, art. 103 et sui- » vans, lui faisoit une loi expresse de sa dénon- » ciation.

» Il a donc rempli ce qu'il regarde comme un de- » voir sacré.

» Et c'est désormais à la prudence du ministère » public qu'il abandonne le soin de vous engager à » comprimer par des moyens légaux, et de la ma- » nière que vous croirez convenable, les scandales » et les excès dangereux qu'il vient de dévoiler.

» Messieurs, c'est avec l'accent de la conviction, » car qui n'est pas pénétré de cette vérité! qu'il vous » dira que des juges impartiaux, éclairés et justes, » sont les immuables colonnes sur lesquelles repose » l'édifice de tout gouvernement. Partout où la » justice est bien rendue, il n'y a point de révolu- » tion possible.

» Ce n'est pas un mal que le sieur Méhée de la » Touche ait publié son libelle. En sifflant dans les » brossailles, un reptile venimeux instruit de sa » présence et met en garde contre ses atteintes, » pourvu qu'on se souvienne qu'il siffle en attendant » qu'il puisse mordre et tuer. C'est tout ce que l'on

» en dira. Mais n'oublions pas les leçons d'un poète » célèbre : *Prenez le mal dans son principe, dé-» truisez-le dans son germe, ou vous ne serez » plus à temps d'arrêter ses progrès* (1). N'ou-» blions pas qu'une fatale expérience ne les a que » trop confirmées. »

C'est ici que finissoit ma dénonciation.

Mais il s'agit de ma défense, et j'espère qu'on la jugera plus que complète dans le plaidoyer de mon défenseur, où l'on trouvera la réponse à la plaidoirie et au mémoire du sieur Méhée de la Touche.

PLAIDOYER DE Me. FALCONNET.

Je parle pour le sieur Gueffier, imprimeur-libraire, accusé ;

Contre Jean-Claude-Hyppolite Méhée de la Touche, accusateur.

Mes conclusions sont :

« A ce qu'il plaise au Tribunal renvoyer le sieur » Gueffier de la cause avec amende et dépens ; et » pour l'indue vexation condamner et par corps le » sieur Méhée en 10,000 francs de dommages-inté-» rêts, sauf à M. le Procureur du Roi à prendre » les conclusions que lui suggérera son zèle pour » l'intérêt public et le maintien de la loi. »

Messieurs,

Cette cause n'a d'important, aux termes où elle est réduite, que sa singularité ; mais sous ce point de vue elle est très-importante.

Ce n'est pas de répondre à mon adversaire qui n'a fait que lire le *libellé* de son exploit, que je suis embarrassé, il me semble que la tâche sera facile. Mais c'est d'abord de vous exprimer mon triple étonnement.

---

(1) *Principiis obsta, serò medicina paratur*
Cum mala per longas invaluêre moras. Ovid.

Je conçois sans peine que celui qui s'est montré sur la scène du monde avec un certain éclat, et dont la passion de cette noble fumée qu'on nomme *la gloire* remplit entièrement le cœur, ait peine à revenir de cette flatteuse ivresse qu'un concert de louanges excite dans l'ame d'un homme célébré ; qu'il cherche tous les moyens d'occuper de lui ses contemporains, et même la postérité. Il n'entend que des éloges et l'éloge est si doux, quelle que soit sa tournure, et de quelque part qu'il vienne! Mais qu'un homme qui ne s'est fait connoître que sous les couleurs les plus défavorables ; qui, sans cesse dans la faction, a toujours servi, combattu et trahi tous les partis; que l'on voit constamment dans l'obligation de se justifier des plus odieux reproches et des plus déshonorantes imputations; qui, de son aveu, paroît ne s'être jamais montré que pour éprouver le sort de cet oiseau de la fable, que ses semblables accueillent avec des huées unanimes ou des murmures désapprobateurs sans mélange; que cet homme veuille faire parler de lui quand il sait qu'on ne peut qu'en parler mal, c'est, je l'avoue, ce que je ne conçois pas.

Ce que je ne conçois pas non plus, c'est qu'un *meneur de plume*, qui ne voit rien de beau dans un état comme la faculté illimitée d'écrire et de publier tout ce qui passe par la tête; qui croit que tout est perdu, qu'il n'y a plus ni loi, ni gouvernement, ni sûreté, ni tranquillité, où la liberté indéfinie de la presse n'existe pas; qui fait parade de cette opinion, la préconise, la publie sur les toits, tente de *coërcer* cette liberté quand elle le froisse, non pas par une censure raisonnée, mais par un jugement diffamant; ceci, j'en conviens, saute aussi par-dessus mon intelligence.

Ce que je ne conçois pas encore, c'est qu'un homme qui n'a jamais écrit que pour dénigrer, soit les hommes, soit les choses; pour déclamer contre les actions et les acteurs; pour calomnier, pour livrer autant qu'il a dépendu de lui, au mépris ou à l'indignation publique, tous ceux avec lesquels il eut des relations, qui même l'avoient obligé, et dont enfin chaque écrit est un libelle; ce que je ne conçois pas encore, dis-je, c'est que cet homme vienne se plaindre devant vous, d'avoir été calomnié, parce qu'on a réimprimé dans un journal deux signatures qui lui sont attribuées, et qui déjà avaient été imprimées il y a plus de dix-huit ans, dans une gazette et dans une foule d'autres écrits, et *cela*, prétend-il, *sans avoir d'autre motif que de le vouer à l'exécution publique* (1). Alors, je dis avec Juvénal : « Il » faut fuir d'ici sous le pôle, s'attendre à voir tous » les élémens se confondre, quand on entend Ver- » rès crier au voleur, Milon à l'assassin, Clodius » accusant les adultères, et Catilina traduisant de- » vant les tribunaux Céthégus. »

Ultrà sauromatas fugere hinc libet....
Quis cælum terris non misceat, et mare cœlo
Si fur displiceat Verri, homicida Miloni,
Clodius accuset Mœchos et Catilina Cethegum.
JUVEN. Sat. 2.

On ne songeoit pas au sieur Méhée, et il falloit espérer qu'ayant reconnu que sa *manie d'imprimer n'étoit qu'une mauvaise habitude*, dont il assuroit que le goût *lui avoit passé* (1), il ne feroit plus gémir désormais ni la presse ni ses lecteurs.

---

(1) Le mot *exécution publique*, qui auroit bien eu son sens, car il auroit fort bien pu signifier « livrer le sieur Méhée au public pour » que le public en fît justice, » ce mot s'est trouvé une faute du copiste; c'est *exécration* qu'il faut lire.

(2) Lettre à M. Thyon de la Chaume notaire, signée MÉHÉE. « Vous me dites *que j'aime à imprimer*. Vous vous trompez, ce » n'a jamais été mon goût, c'étoit une mauvaise habitude; mais » cela m'a passé Il y a toute apparence que je n'imprimerai guère » que contre les fripons et dans les cas qui m'intéresseront particu- » lièrement. (p 16.) »

Mais l'esprit, comme le corps, est sujet à des maladies incurables; et parmi celles dont l'incurabilité est le mieux avouée, on compte spécialement la rage d'écrire; on vit, on meurt avec elle (1). D'ailleurs, un homme de la taille du sieur Méhée, un talent de son importance, qui, le premier, s'étoit signalé contre Robespierre; qui écrivit le premier contre la terreur; qui, le premier, avoit écrit contre Napoléon, Consul et voulant devenir Empereur, devoit sans doute, dans son imagination, être le premier à écrire contre les Ministres, qui, selon lui, ont violé la nouvelle constitution. (Pag. 38 du Mémoire du sieur Méhée.)

Le sieur Méhée, dans cette fatale position, ne put pas résister à la nécessité de dénoncer au Monarque en apparence, mais dans la vérité à toute la terre, les prétendus délits des ministres. Il composa donc, et publia cette fameuse Dénonciation au Roi, qui amène devant vous celui que je défends.

Le libelle du sieur Méhée ne parut pas plutôt, que dès le 29 septembre le *Journal des Débats* en parla en ces termes :

« Il semble qu'on auroit droit de se dire si un » homme, malheureusement connu dès 1792, a » figuré dans les journées les plus criminelles et les » plus horribles de cette époque; s'il a osé dire dès-» lors ces paroles exécrables : *Si jamais ce qu'on* » *appelle un roi, ou quelque chose qui ressemble* » *à cela, ose se présenter en France*..... la plume » se refuse à achever cette phrase épouvantable; si, » depuis, cet homme, se mettant aux gages d'un

---

(1) ...... *Tenet insanabile multos*
Scribendi Cacoëthes et ægro in corde senescit.
JUVEN. VII, V. 52.

» tyran, lui a bassement servi d'espion, a enlacé dans » ses piéges les plus loyaux et les plus fidèles serviteurs du Roi, les a remis dans les mains de leur » ennemi le plus implacable et le moins généreux ; » s'il a reçu le salaire d'une pareille infamie, et s'il » a quelque temps insulté par son faste à la commisération publique qu'excitoit le malheureux » sort de tant d'intéressantes victimes; certainement » cet homme va dorénavant se taire, il sera trop » heureux qu'on l'oublie : il sait que les gens de » bien et d'honneur sont loin d'avoir une mémoire » implacable ; il profitera de cette heureuse disposition, et se gardera bien de réveiller des souvenirs odieux dont il peut être l'objet..... Hé bien ! » nous avons été trompés dans une espérance si » fondée. »

Tous les autres journaux en entretinrent leurs lecteurs, et tous avec une improbation marquée.

La *Quotidienne* tira du *Times*, journal anglais, l'article suivant, qu'a répété le *Journal de l'Ain*.

« Nous sommes étonnés, dit le *Times*, qu'un personnage comme M. Méhée de la Touche ose encore se montrer sur la scène politique. C'est aux » artifices de cet odieux espion (*hateful spi*) qu'on » doit attribuer en partie l'exil de Moreau, le massacre de Georges et de Pichegru, ainsi que l'assassinat » du duc d'Enghien..... Ce monstre a osé reprocher » au Roi de France les honneurs que la piété fraternelle de ce Monarque a rendus à la mémoire de » l'infortuné Louis XVI. En vérité, nous ignorons » jusqu'où peut aller la patience des Français; mais » en Angleterre il seroit difficile de retenir l'indignation du peuple, si un homme aussi infâme » (*infamous character*) osoit se promener dans » les rues..... A présent que les honnêtes gens ont » plus d'influence que jamais sur l'opinion pu-

» blique en France, il leur conviendroit, ce nous » semble, de réunir leurs efforts contre ceux qui » veulent répandre d'aussi affreux sentimens. Qu'on » écrase les premières vipères (*the first vipers*), » qu'on ne laisse pas le venin se répandre; c'est » le moment d'assurer la tranquillité intérieure. » Toute la France a pu apprécier la sollicitude » paternelle du plus bienveillant des Monarques; » elle doit bénir un ordre de choses qui lui-pro- » met le rétablissement de ses finances, de son com- » merce, de ses colonies et de sa marine. Des mil- » liers de cœurs bénissent cet heureux changement, » des milliers de bras sont prêts à le défendre. »

Le *Journal Royal* fut peut-être celui qui s'en expliqua le plus modérément. Voici, Messieurs, ce qu'on trouve dans le journal du 12 octobre de l'année dernière :

« On a dit et nous disons aussi : qui pourroit se venger lorsque le Roi pardonne? Nous ferions plus si cela étoit possible; nous oublierions tout et le nom même des coupables, s'ils vouloient eux-mêmes le laisser oublier. Mais quand ces êtres-là ne profitent de toute l'indulgence du Souverain que pour rendre ses droits suspects et son autorité odieuse, ou pour disposer leurs anciens complices à des résolutions qui pourroient être suivies de nouveaux attentats, il est bon que le peuple soit averti, qu'il se souvienne même des horreurs qu'il a vues, et qu'il sache sur-tout que les mêmes hommes qui aujourd'hui cherchent à l'égarer par d'infâmes libelles, sont ceux qui, dans les journées les plus affreuses de la révolution, ont le plus contribué à ces épouvantables massacres qui déshonorent bien moins les bourreaux et les exécuteurs que ceux qui osent se montrer et qui peuvent survivre à la honte d'en avoir signé l'ordre.

» Il nous tombe entre les mains le n°. 1557 de la *Gazette Française* du 20 germinal an 4 de la république (9 avril 1796). On connoît et on nous pardonnera le motif qui nous porte à en extraire l'article suivant, comme la meilleure réfutation du sieur Méhée.

Chaumont-sur-Marne, le 3 avril 1796.

« J'ai lu, citoyens, dans divers journaux, une citation à la requête du citoyen Méhée contre le citoyen Jolivet, dit Baraleyre, en réparation, comme l'ayant inculpé d'avoir signé des ordres de paiement relatifs aux affreuses journées des 2 et 3 septembre. Afin de procurer au citoyen Jolivet une preuve complète, voici des faits positifs que j'affirme véritables :

» Dans la nuit du 26 au 27 août, je fus arrêté et conduit à la mairie. Vers les onze heures du matin je fus introduit dans un bureau où étoient les citoyens Sergent et Panis. Après un court interrogatoire je fus transféré à l'Abbaye et déposé dans la même chambre où étoit le ci-devant président Molé de Champlatreux, mon ancien et respectable ami. Le dimanche, 2 septembre, vers midi, la femme du concierge me permit de descendre dans la chambre du conseil. L'instant d'après, arriva le citoyen Maillard, surnommé depuis le *tape-fort* et le *tape-dru*, accompagné de deux hommes à longs sabres et à grandes moustaches. A peine m'eut-il aperçu, qu'il donna ordre de me faire rentrer dans mon cachot. J'ignorois alors qui il étoit et quelle étoit sa puissance; aussi je ne pus m'empêcher de lui témoigner ma surprise sur la manière dure avec laquelle il me traitoit; sa réponse fut : qu'il me reverroit bientôt. En effet, quelle fut ma surprise et mon effroi, la nuit suivante, de le voir revêtu du pouvoir de grand-juge du peuple! Je le fus bien davantage, lorsqu'au nom de ce même peuple il me sauva la vie. Cette action fut pour moi un poids de reconnoissance qui me détermina, quelque temps après, à chercher l'occasion de le voir. Il logeoit alors place de Grève, maison d'un boulanger, en face de l'hôtel-de-ville : il fut flatté de ma visite; il se glorifia de m'avoir sauvé la vie; il fit plus, il voulut me faire connoître deux de ses agens, à qui il avoit confié le dessein de me sauver. Alors il me fit confidence que Sergent et Panis cherchoient à le perdre dans l'esprit des membres du comité de sûreté générale; mais qu'il étoit possesseur de deux pièces originales qui le mettoient à l'abri de toute recherche. En effet, il me communiqua deux ordres ainsi conçus :

Au nom du Peuple.

« Mes camarades,

» Il vous est ordonné de juger tous les prisonniers de

» l'Abbaye, sans distinction, à l'exception de l'Abbé Lenfant, » que vous mettrez dans un lieu sûr.

» A l'hôtel-de-ville, le 2 septembre.

» *Signé* PANIS, SERGENT, administrateurs.

» MÉHÉE, secrétaire-greffier. »

Au nom du Peuple.

« Mes camarades,

» Il est enjoint de faire enlever les corps morts, de laver » et nettoyer toutes les taches de sang, particulièrement » dans les cours, chambres, escalier de l'Abbaye. A cet » effet, vous êtes autorisés à prendre des fossoyeurs, » charretiers, ouvriers, etc.

» A l'hôtel-de-ville, le 4 septembre.

» *Signé* SERGENT, PANIS, administrateurs.

» MÉHÉE, secrétaire-greffier. »

» Comme mon assertion pourroit ne pas suffire au citoyen Jolivet, je l'engage à se donner la peine de faire les informations nécessaires pour se procurer les pièces originales; elles doivent être entre les mains de la veuve Maillard: elles sont connues de son père et de son frère; elles le sont également des citoyens Ployer, Moustache, de Joseph et de Jean (deux frères du chirurgien de feu Maillard), qui tous vivoient dans son ménage. Le citoyen Thomas, alors secrétaire-greffier de la gendarmerie, de service à l'infâme tribunal révolutionnaire, peut aussi vous indiquer où elles sont déposées. Le citoyen Lamerlière, chef d'un des bureaux de liquidation de la trésorerie nationale, peut aussi vous donner les plus grands renseignemens sur cet objet; il en a eu, comme moi, une connoissance parfaite.

Signé L. SIMON. »

Le *Journal des Débats* publia le lendemain les mêmes pièces avec ce préambule :

« Il est juste de ne pas oublier ceux qui ne veu» lent pas qu'on les oublie. Quand un homme tel » que M. Méhée ose publier aujourd'hui des libelles » sous son nom, il est nécessaire de rappeler l'idée » qui s'attache naturellement à ce nom. C'est le » cas de juger l'écrit par l'auteur. On rappelle donc

» au public que M. Méhée fut secrétaire-greffier de » cette municipalité de septembre 1792 qui fit exé- » cuter d'horribles massacres dans toutes les prisons » de Paris, et qu'en cette qualité il signa les deux » ordres suivans, adressés aux assassins. »

Suit la teneur de ces ordres qu'on vient de lire.

L'universalité des journaux imita celui *des Débats*, en y joignant des réflexions plus ou moins acerbes.

Il parut des réfutations particulières de la *Dénonciation au* Roi, du sieur Méhée.

Une, entr'autres, signée *par un baron sans baronnie, et non pas sans épée*, qui, à la page 103, donne son nom (M. le baron d'Icher-Villefort), et sa demeure (rue Neuve-des-Petits-Champs, hôtel des Petits-Champs). Cet imprimé rapporte, note 1re, pag. 106, les deux ordres signés *Méhée.*

Tous ces journaux, toutes ces brochures avoient paru successivement, et dans tous avoient été insérées les pièces qui font l'objet de la réclamation portée devant vous. Mais il ne faut pas s'y tromper, cette publicité servoit les vœux secrets de l'auteur du libelle, en donnant à sa triste et punissable production quelque relief, et surtout un grand débit; lorsqu'il pensa qu'il pourroit tirer parti de la circonstance, doubler la rumeur et le profit.

Ce projet n'est pas sitôt conçu qu'il l'exécute. Il broche donc un Mémoire *sur procès avec des éclaircissemens sur divers événemens politiques*, avec une épigraphe tirée d'une historiette tragique racontée par Phèdre (liv. 3, fab. X), dont il est plus facile de faire l'application au sieur Méhée qu'à sa cause. Elle débute ainsi : « Ne négligez rien de ce qui frappe vos » oreilles. » *Nil spernat auris.* C'est lui, Messieurs, qui vous en fait la loi. Le Mémoire se termine par une consultation dont le principal but est de lui servir de passeport pour l'impression des 155 pages qui le composent.

Je vous ai dit, Messieurs, que ce fut dans le *Journal Royal* du 12 octobre que parurent les pièces signées par le sieur Méhée. Pendant ce mois tous les autres journaux de Paris et des provinces les avoient offertes au public, et les échos retentirent de l'expression variée, mais générale, du blâme que leur prodiguèrent les journalistes. Dans quelques écrits antérieurs à cette époque, se trouvoient consignées les plus affreuses inculpations. L'histoire du 18 brumaire et de Buonaparte entr'autres, offroit, pag. 26 et 27, cette phrase : *Il* (Buonaparte) *envoya en Angleterre des émissaires chargés les uns de faire assassiner les émigrés et les princes de la maison de Bourbon, les autres de corrompre l'opinion publique.* Et en note : *Les nommés M... et Méhée entr'autres, furent chargés de ces horribles commissions ; le dernier ne s'en est pas caché, et, se jouant avec sa propre honte, il en a écrit l'histoire infâme sous le titre d'Alliance des Jacobins de France avec le ministère anglais.*

Cette longue liste de ceux qui s'appliquant à buriner une note d'infamie sur le front du sieur Méhée, s'en sont acquittés d'une manière bien autrement expressive que le *Journal Royal*, vous fera très-certainement demander à quoi ce journal, qui ne fait que de naître, doit la préférence que lui donne l'accusateur, en traduisant son imprimeur à votre barre? Je vais vous dire son secret. Le sieur Méhée ne vous l'a même pas laissé ignorer : il déteste les rois; tout ce qui leur tient, tout ce qui porte un nom qui les rappelle, irrite ses nerfs, fait bouillonner son sang et lui donne un transport au cerveau. Ce que la présence de l'eau fait sur un hydrophobe, le son du mot *Roi*, *Royal*, le produit sur le sieur Méhée; et voilà pourquoi, laissant de côté et le *Journal des Débats*, qui se tire à 24,000 exemplaires, et celui de

Paris, et *la Quotidienne*, etc., etc., et la réponse signée *Drumare*, et la réfutation de M. de Villefort, et l'ouvrage de M. Gallais, il a jeté le gant au sieur Gueffier qui, sous vos yeux, le ramasse sans hésiter, et de plus encore sans appréhension.

C'est donc le 29 novembre, après avoir pris près de deux mois pour y réfléchir, qu'il a fait assigner celui que je défends, pour voir dire : « qu'en sa qua-» lité d'imprimeur de la feuille périodique intitulée » *Journal Royal*, il s'est permis d'imprimer une » lettre prétendue écrite de Chaumont-sur-Marne, » le 3 avril 1796, qu'il dit *avoir été imprimée* dans » la *Gazette Française* du 20 germinal de l'an 4 » (9 avril 1796). »

Il faut d'abord, Messieurs, vous édifier sur le fait. La partie adverse feint de ne pas croire que la lettre de Chaumont-sur-Marne soit dans la *Gazette Française*. Je vais vous en faire l'exhibition. La lettre et ses deux appendices sont, sans y changer un mot, dans cette ancienne feuille, et le Tribunal peut s'en assurer. (Elle fut montrée au tribunal.) Celui pour qui je parle ne dit donc pas seulement, il prouve la vérité de ce qu'il dit.

« Et attendu (continue l'exploit) que cette lettre, » dont l'auteur prétendu n'a probablement jamais » existé, n'a eu d'autre objet que de publier les » deux lettres ainsi conçues. » (Déjà, Messieurs, vous en avez entendu la lecture, et je ne vous la répéterai pas.) « Et attendu que jamais le requérant n'a » signé ces prétendus ordres ; attendu que l'impres-» sion ou réimpression faite d'iceux, ne peut avoir » eu d'autre motif que de vouer le requérant à » l'exécration publique, en le présentant comme » l'un des provocateurs des massacres des 2 et 3 sep-» tembre. »

En conséquence, il demande « que le sieur Guef-

» fier soit déclaré coupable de calomnie, délit prévu » par les articles 367 et suivans du Code pénal.

» Pour réparations civiles duquel délit, et pour » tenir lieu de tous dommages et intérêts civils, il » soit dit : que le jugement à intervenir, sera im- » primé et affiché au nombre de 10,000 exemplaires, » aux frais de l'assigné, et que le requérant sera au- » torisé à le faire insérer dans les journaux qui » s'impriment à Paris, avec défenses de récidiver, » sous plus grandes peines. Se voir enfin condamner » par corps aux dépens, dans la taxe desquels en- » trera le coût de l'impression, affiche et insertion » du jugement à intervenir, sauf à M. le Procureur » du Roi à prendre telles conclusions qu'il avisera » pour la vindicte publique. »

Nous voilà donc, Messieurs, parfaitement éclairés sur le genre d'action qu'intente le sieur Méhée.

Il vient se plaindre à vous d'avoir été calomnié par l'insertion dans un journal, de deux pièces qu'il dit n'avoir jamais signées.

Voyons en premier lieu ce que c'est que la calomnie ; comment les lois la définissent.

« Calomnier, c'est imputer à quelqu'un des crimes » faux. » *Calumniari est falsa crimina intendere*, ff. AD SENAT. CONS. TREBEL, L. 1.

« Mais (ajoutent-elles) il ne faut pas décider sur- » le-champ que celui qui ne prouve pas soit un ca- » lomniateur ; parce que la recherche du fait est » commise à la décision du juge appelé pour en con- » noître, et qui, ayant acquitté le prévenu du faux » crime, commence par la recherche des motifs de » l'accusation. Il scrute donc l'intention de son au- » teur ; et s'il trouve que même l'erreur de l'accu- » sateur eut un juste motif, il absout l'accusateur » accusé de calomnie. »

Sed non utique qui non probat quod intendit

protinùs calumniari videtur; nam ejus rei inquisitio arbitrio cognoscentis committitur; qui reo absoluto de accusatoris incipit concilio quœrere, quâ mente ductus ad accusationem processit, et si quidem justum ejus errorem repererit, absolvit eum. ff. *ibid.* §. 3.

Ces principes de législation ont toujours été et seront toujours les principes régulateurs de vos jugemens, parce qu'ils ne ressemblent point aux résultats de ces doctrines éphémères fondées sur des abstractions métaphysiques qui varient et changent comme nos modes; mais qu'ils émanent de ces axiomes d'éternelle équité, immuables comme la divinité qui les a produits.

Appliquons donc la loi à l'hypothèse. Celui que je défends a-t-il accusé 1° la partie adverse d'un crime? Mais elle-même prétend que les ordres en question n'ont à son égard aucun caractère de crime; car il faut sur ce point, ce me semble, s'en tenir au témoignage du sieur Méhée; on peut le citer comme une autorité dans sa cause. « Je ne vois pas (dit-il) » ce que l'on pourroit conclure contre moi de ce » que j'aurois légalisé des signatures d'administra- » teurs, lorsque ces signatures sont véritables. » Il s'agit de signatures qui sont au bas d'un ordre dont j'aurai par la suite occasion d'entretenir le tribunal. (Pag. 48 de son mémoire.)

Eh bien! si l'on ne peut rien conclure contre vous de ce que vous n'avez fait que signer comme secrétaire greffier les ordres qu'on représente, si là-dedans il n'y a point de crime, de quoi vous plaignez-vous?

« Mais je ne les ai pas signés. »

Soit. Mais si la signature n'est pas un délit, c'est à peu près comme si l'on vous attribuoit un mauvais couplet de chanson que vous n'auriez pas fait, et alors, vous dirai-je toujours, de quoi vous plaignez-vous? Où il n'y a point de crime il n'y a point de calomnie.

Mais 2°. est-il vrai quevous ne les ayez pas signés? Il me suffiroit de vous faire cette question: Qu'étiez-vous au 2 septembre et jours suivans?

Le 9 août 1792, trente enragés se disant *députés* des sections de Paris, se rassemblent dans la salle de l'archevêché; ils se déclarent les représentans du peuple souverain, décident que les membres de l'ancienne municipalité de Paris ont perdu la confiance de leurs commettans ; que ce sont eux qui en sont investis; et en conséquenceils se transportent à l'hôtel-de-ville et s'installent à la place des municipaux, qui se laissent chasser, incarcérer, sans mot dire. (1)

Ces misérables nomment secrétaire-greffier l'infâme Talien, et vous, sieur Méhée de la Touche, secrétaire-adjoint.

Ainsi vous étiez *secrétaire-adjoint* en ce temps-là, et en cette qualité vous avez dû signer les ordres en question. Vous étiez partie intégrante de cette exécrable commune, qui, dans ce moment, faisoit voler, brûler, hacher, sabrer, égorger, mutiler, assommer, etc., mourir mille fois avant leur mort, treize cents innocens, parmi lesquels on comptoit ce ministre Montmorin, pur comme l'honneur, et cette duchesse de Lamballe, belle comme la vertu. Vous n'auriez pas signé, qu'il suffit à la loi que dans votre place vous ayiez dû signer (2), pour qu'elle absolve l'imputation de calomnie, par la raison que l'erreur auroit la plus juste des causes. *Si quidem justum ejus errorem repererit, absolvit eum.*

(1) Ce que je dis là, je le sais; mais voyez PRUDHOMME, *Histoire des crimes de la Révolution*, T. IV, p. 73.

(2) On verra plus bas qu'il a nécessairement signé.

» Mais, « reprenez-vous, » il n'est pas question
» des maximes du droit romain, il s'agit du code pé-
» nal, et l'article 367 dit : Sera coupable du délit
» de calomnie, celui qui, dans un écrit imprimé qui
» aura été distribué, aura imputé à un individu
» quelconque des faits qui, s'ils existoient, expo-
» seroient celui contre lequel ils sont articulés à
» des poursuites criminelles ou correctionnelles, ou
» même l'exposeroient seulement au mépris ou à
» la haine des citoyens. »

Fort bien. Et que gagnez-vous à l'invocation de cet article?

Quels *faits* vous sont imputés ? Je pourrois d'abord faire la question : Si deux signatures qu'on vous attribue sont des faits ? s'il n'y a point de différence entre des écrits et des actions? Et s'il y a une différence, comme il y en a une, que feriez-vous de l'article?

Mais en passant sur cette difficulté, je vous demande si, en acceptant la place de secrétaire-greffier de la commune, à laquelle vous avez été, non pas *élu* (ainsi que vous le dites, page 15 de votre mémoire), mais nommé, par je ne sais combien de coupes-jarret, je vous demande : si vous avez cru accepter une place dont les fonctions vous exposeroient, en les remplissant, à des poursuites criminelles ou correctionnelles?

Il est impossible, je pense, que vous me disiez Oui, quelqu'épaisseur de front que vous puissiez avoir. Vous me répondrez donc, comme dans votre dialogue avec madame De B., imprimé dans votre mémoire : « Je *signois* sans scrupule ces
» pièces où je ne faisois que légaliser la signature
» véritable de deux administrateurs, et je ne vois
» pas ce que l'on peut en conclure contre moi. »

Mais, dès-lors, votre accusation n'a donc pas

toujours le sens commun, puisque ce qu'on vous impute n'est autre chose que d'avoir fait ce que, moyennant argent, vous vous étiez obligé de faire, et qui ne peut certainement pas, je vous en fais juge, vous exposer à des poursuites criminelles ou correctionnelles.

» Oui, mais il m'expose au mépris ou à la haine » des citoyens. »

Ici, sieur Méhée, il faut s'entendre encore. Au mépris et à la haine de quels citoyens? car, selon vous, il y en a encore en France de deux sortes. Vous vous rappelez votre phrase au Roi: *Eh! que diroient vos ministres si nous choisissions, etc.* Nous! vous êtes à la tête, ou, si vous voulez, au nombre des anti-ministres.

Je crois bien que pour de bons royalistes, dont je suis certain que la France est couverte, que pour les enfans, les pères, les frères, les sœurs, les femmes, les neveux et tous les parens de ces victimes déplorables que les détestables antropophages des premiers jours de septembre 1792 ont immolées sous vos yeux; je crois bien, dis-je, que vous êtes pour ceux-là un objet, je ne dis pas seulement de mépris et de haine, mais d'horreur et de détestation. Mais qu'est-ce que cela vous fait? Tournez vos regards du côté des vôtres. Jetez-vous dans les rangs des jacobins, ils s'ouvriront à votre aspect et on vous y recevra avec transport; on vous y décernera une couronne civique, pour la part que vous avez eue à ces mémorables journées. Vous vous plaignez de ce qui fait votre gloire, et je crains même pour vous que cette action, si imprudemment engagée devant un tribunal régulier, devant des juges royaux, ne vous fasse tort auprès des frères et amis. Vous savez combien ces messieurs, qui se fâcheront peut-être de ce que je les appelle *messieurs*, redoutent, abhorrent la justice et tous ses royaux ministres. Il me semble que vous n'y avez pas encore assez réfléchi, malgré le temps que vous avez pris pour vous y résoudre.

Quoi qu'il en soit, et sérieusement, si les actes qu'on vous reproche, sieur Méhée, étoient une dépendance de l'état que vous aviez embrassé, et si de ces actes il rejaillit sur vous honte et déshonneur, vous n'avez pas plus de sujet de vous gendarmer contre ceux qui en font l'observation, que celui qui, ayant choisi la profession de teinturier, par exemple, se fâcheroit et prétendroit qu'on le calomnie en disant, qu'il a les mains noires.

« Mais, » vous écrierez-vous, « vous n'aviez pas
» le droit de reproduire ces torts de ma conduite,
» et par cette raison vous ne pouvez pas vous re-
» trancher derrière les exceptions de l'article précité
» du *Code Pénal*, qui dit : que sa disposition n'est
» pas applicable aux faits dont la loi autorise la pu-
» blicité ni à ceux que l'auteur de l'imputation
» étoit, par la nature de ses fonctions, obligé de
» révéler. »

Et moi je soutiens que le fait en question est un de ces faits que la loi oblige chacun de révéler. Il faut, quand un homme se montre, qu'il veut travailler l'opinion, qu'on sache et ce qu'il est, et ce qu'il fut, pour qu'on puisse discerner ce qu'on doit en attendre de bien ou de mal d'après l'exacte manifestation de ses principes et de ses sentimens natifs.

Je soutiens encore, qu'un journaliste qui est une vedette, qui, sous l'inspection et la tolérance du gouvernement, se tient comme à l'affût pour explorer les événemens et les productions littéraires, afin d'en répandre la connoissance, doit, s'il veut que son journal soit utile et instructif, remonter à la source des uns, pénétrer l'esprit des autres ; et certes toutes les fois qu'il tombera sous sa main un écrit dont la fin sera de propager des doctrines tendantes à sapper les bases de l'édifice social et à briser les ressorts qui font mouvoir l'administration, il est de la nature de ses fonctions de donner tous les renseignemens qu'il peut avoir sur le compte de l'écrivain; il est, je le répéterai sans crainte d'être démenti, de son devoir de lui arracher son masque, s'il en a pris un, et de mettre le public à même de juger ses discours par ses actions. Et certainement, alors, ce journaliste est sous l'égide de la loi, qui ne permet pas de lui appliquer la disposition de l'article 367. (1)

Mais malgré tout ce que je fais observer au sieur Méhée, je le prévois, il insistera et ne manquera de vous dire « que le sieur Guéffier, considéré comme » représentant l'auteur du *Journal Royal*, n'a fait » que copier un autre *écrit imprimé*, et qu'il n'a » pas rapporté la preuve légale qui résulte d'un » jugement, ou, comme dit l'art. 370, ce que n'ajoutoit pas le sieur Méhée, *de tout autre acte au-* » *thentique*, de la vérité des pièces rapportées dans » le n°. 12 du *Journal Royal* (2). »

---

(1) Le défenseur du sieur Méhée, dans sa réponse *impromptu*, a relevé ce passage; il a fort insisté sur l'espèce de droit de censure attribué aux journalistes. Il a dit « qu'il faudroit fuir un pays où il seroit permis à un » journaliste de scruter les mœurs, de noter impunément la conduite des » individus. Il s'est récrié sur les inconvéniens d'une pareille licence. » Le défenseur du sieur Méhée a raison; mais c'est dans son sens, et non pas dans celui du plaidoyer. J'ai parlé de tous les sectaires, de tous ceux qui se montrant comme les chefs de file d'une faction opposée au Gouvernement légitime, semblent inviter les mécontens à se joindre à eux. J'ai dit et je dis: « qu'il est du devoir de tout citoyen » et qu'il entre dans les fonctions du journaliste de manifester ce qu'il » sait de vrai sur la manière d'écrire et de penser du folliculaire dont » l'écrit est propre à troubler la tranquillité publique. » C'est là l'hypothèse à laquelle il ne répond pas.

(2) En effet, la défense du sieur Méhée n'a consisté que dans ces

Sans rien abandonner de tout ce que j'ai déjà fait entendre, et qui répond victorieusement à cette impuissante et puérile objection, je vais lui enlever, sieur Méhée, tout ce qu'elle peut offrir de spécieux.

En premier lieu, comment, après ce que vous avez consigné p. 45 de votre mémoire, « que pendant six mois vous avez donné deux ou trois cents signatures par jour, » pouvez-vous affirmer que vous n'avez pas signé les deux ordres qui, émanant de l'administration dont vous étiez le secrétaire-greffier-adjoint, ont dû être signés par vous? Secondement, quand le sieur Simon, dans sa lettre du 3 avril 1796, datée de Chaumont-sur-Marne, publia ces deux pièces; qu'il indiqua la veuve Maillard, son père, son frère, Ployer, Moustache, Joseph et Jean, qui vivoient dans son ménage, le sieur Thomas, secrétaire-greffier de la gendarmerie, et le sieur Lamerlière, chef d'un des bureaux de la liquidation, comme certificateurs de leur existence, avez-vous dans le temps rompu en visière au sieur Simon? L'avez-vous actionné? Avez-vous au moins obtenu un désaveu des trois Maillard, de Ployer, de Moustache, de Joseph, de Jean, du sieur Thomas, du sieur Lamerlière? Non. Vous n'avez rien fait de ce que votre réputation exigeoit de vous. Vous avez pâli et resté muet pendant dix-huit ans devant l'imputation, et vous prétendrez que vous pourrez aujourd'hui rompre utilement un silence qui vous condamne? Désabusez-vous, sieur Méhée; ce que vous avez laissé croire dix-huit ans, on le croira toujours.

« Oh! venez-vous dire (p. 57 de votre Mémoire),

---

deux mots : « Il y a calomnie et point de preuve légale. » Le sieur Gueffier peut aussi réduire la sienne à ces deux autres mots : « Il n'y » a point calomnie, et il y a preuve légale et authentique de ce qui » n'est pas calomnie. »

» *je ne me suis pas occupé de la recherche de tous*
» *ces individus dont l'existence me paraissait très-*
» *problématique ;* je me suis borné à former une
» demande en réparation de calomnie contre un
» sieur Jolivet dit Baraleyre, qui m'avoit attaqué
» dans un journal de sa façon. » Et c'est là-dessus que le sieur Méhée bâtit le conte ridicule d'une procédure et d'un jugement de je ne sais quel tribunal, qu'il prétend (pag. 60 de son Mémoire) avoir prononcé : *qu'attendu qu'il n'existoit pas de loi contre la calomnie écrite, et que le sieur Méhée avoit lui-même demandé que toute l'affaire fût portée au tribunal criminel, il se déclaroit incompétent et renvoyoit les parties devant qui de droit.* Puis, s'il falloit en croire le sieur Méhée, il se seroit présenté seul au tribunal criminel sans jamais *pouvoir y attirer son adversaire* (pag. 60). Mais, Messieurs, à qui fait-il tous ces contes-là ? Premièrement, de quel genre étoit la calomnie contenue dans le Journal de Jolivet ; n'auroit-il pas fallu que le sieur Méhée vous la rapportât textuellement pour que vous pussiez la comparer avec celle dont il se plaint, et savoir si c'étoit bien identiquement la même accusation que celle dont il s'agit en ce moment ? Car, si c'est la même, que répondroit au sieur Jolivet, qu'il poursuivroit sous le nom du sieur Gueffier, le sieur Méhée, à ce premier qui lui diroit : que venez-vous demander ? Tout a été jugé entre nous. *Non bis in idem* : vous êtes non recevable ; et le tribunal ne peut pas vous entendre. Et si ce n'est pas la même, comme il paroît que ce ne l'est pas, que signifie l'argument que vous tirez d'un jugement qui n'a aucun trait à la question présente ?

Deuxièmement. N'avoit-il point de nom le tribunal qui a rendu le jugement dont il se prévaut, ou dont il se plaint ?

Troisièmement. Ne datoit-on pas à cette époque-là dans les tribunaux ?

Quatrièmement. Imaginez-vous, Messieurs, qu'il ait été un temps où le tribunal criminel n'ait pas eu le pouvoir de forcer un individu cité devant lui d'y comparoître pour répondre à son accusateur ?

Je n'ai pas besoin de vous dire que le sieur Méhée nous débite ici des billevesées, des fariboles indignes de votre attention, et de la réfutation desquelles vous ne me pardonneriez pas de fatiguer vos oreilles.

Je n'entends pas, néanmoins, vous dissimuler que le sieur Méhée, qui est, à ce qu'on dit, un familier du café Manoury, assure connoître un des témoins cités par le sieur Simon, le sieur Ployer, qui fréquente aussi le même café. Or, ce citoyen Ployer prétend, selon Méhée, « qu'il étoit en Amérique quand on le donnoit » en France pour témoin de ce qui se passoit dans » le cabinet du sieur Maillard ; qu'il a fort maltraité » le sieur Baraleyre à ce sujet ; qu'il y a eu une rixe » entr'eux, suivie d'un procès-verbal chez un juge » de paix, etc. » (pag. 58, en note)

Ceci, Messieurs, me paroît honnêtement absurde, pour ne rien dire de plus ; car, que le sieur Simon aille indiquer pour témoin, à Paris, un homme qui étoit actuellement en Amérique, cela n'est pas concevable ; mais ce qui l'est, c'est que le sieur Ployer du café Manoury n'est pas le Ployer du cabinet Maillard ; et il paroît fort étonnant que le sieur Méhée, qui affirme qu'il y a trois Méhée, ne songe pas qu'il peut y avoir eu deux Ployer ; que la rixe prétendue est bien avancée, mais non prouvée ; et que la chaleur du sieur Ployer pour le sieur Méhée le rend très-suspect. Au reste, souffrez que je vous fasse remarquer que ce n'est qu'au bout de plus de dix-huit ans que le sieur Méhée s'avise de critiquer les pièces qu'on lui oppose, et les personnages qui les attestent, et qu'il est trop tard pour qu'il puisse espérer d'en atténuer l'énergie; que, d'ailleurs, la tardiveté de ses efforts ne l'autorise pas à l'emploi de ces expressions: » que toutes ces horreurs sont étrangères au sujet, » quoiqu'elles jettent un grand jour sur la moralité » de l'accusation et de ceux qui la reproduisent » aujourd'hui. (pag. 58, en note.) » Qu'il sache, le sieur Méhée, et qu'il se tienne pour dit, que dans l'atelier du sieur Gueffier, à commencer par le dernier apprenti, et remontant jusqu'au prote, et au sieur Gueffier lui-même, il n'en est aucun qui voulût changer sa moralité contre la sienne.

Il critique, en outre, « le défaut de date, la rédac- » tion des pièces, dont l'une porte le 2 et l'autre le » 4 septembre, sans l'addition de l'année; et toutes » les deux énoncent l'Hôtel-de-Ville à la place de la » *Maison commune*, pour le lieu de la scène. »

Je réponds au sieur Méhée : que ce ne sont pas là des difficultés, mais des chicanes. Dans ce genre une imperfection est une preuve de réalité. Jamais un faussaire ne manque d'attacher à une pièce fausse les caractères de la véritable qu'il imite; et quand il en manque quelqu'un à ces pièces originales produites dans une cause, ce défaut dépose en faveur de leur sincérité. D'ailleurs, dans ces momens de trouble, de confusion, où des administrateurs frais moulus, n'ayant ni connoissance ni habitude de leurs fonctions, écrivoient des ordres ou tout autre acte, il étoit bien étonnant qu'ils commissent des fautes, des erreurs! Ce qui l'eût été, c'est qu'ils n'en eussent pas commises.

Poursuivons donc.

Insister sur ces futilités seroit perdre le temps et les paroles.

Le sieur Méhée demande un jugement en preuve de l'accusation qui lui est intentée.

Mais on n'entend pas ce qu'il veut dire. Voilà des

pièces qu'on lui objecte. Ceux qui en argumentent sont très-fort autorisés à en argumenter jusqu'à ce qu'il s'inscrive en faux contre leur contenu. Et c'est à lui, dans ce cas, à produire un jugement qui les proscrive. Mais s'est-il inscrit en faux ? Vous avez vu que non. Il ne s'agit donc plus que de ce point : Ces pièces sont-elles authentiques? valent-elles un acte authentique?

Or, je prétends que rien n'est plus authentique que des pièces émanées d'un homme public, énoncées dans un papier-nouvelle très-répandu, et qui depuis au moins dix-huit ans dépose d'un fait que le principal intéressé n'a pas osé contredire : car vous voyez que le sieur Méhée ne prétend pas s'être jamais pourvu soit contre le sieur Simon, soit contre le rédacteur de la *Gazette Française*.

Voilà donc, Messieurs, le sieur Méhée convaincu par des pièces authentiques, dès le moment de leur apparition, puisqu'elles n'ont pas été plutôt rendues publiques, qu'elles lui ont fermé la bouche. Il n'a plus fait aucune poursuite. Elles sont donc devenues des pièces qui désormais appartiennent à l'histoire affreuse de ces jours qui seront toujours plus affreux qu'elle encore, quelque couleur, quelqu'énergie que puisse employer la plume qui voudra nous peindre les horreurs qu'éclaira leur lumière lugubre et sanglante.

Que le sieur Méhée, qui n'élève la voix que parce qu'il espère qu'après un laps de temps aussi considérable toutes les preuves de son adjonction aux septembriseurs, dont les principaux complices ont fait disparoître autant qu'ils l'ont pu les monumens, ne se retrouveroient plus; que le sieur Méhée, dis-je, apprenne qu'on pardonne à l'humble, au sincère repentir, mais qu'on poursuit et qu'on punit la persistance effrontée, insolente, dans la voie du crime.

Je vais donc le convaincre, non-seulement d'avoir signé les ordres précurseurs des massacres, mais d'avoir participé à toutes les mesures qui les ont préparés et suivis.

Avant de vous fournir la preuve de ce que j'avance, permettez-moi une courte récapitulation des moyens justificatifs employés pour celui que je défends.

D'après les principes de la loi romaine, l'insertion dans le journal, de deux pièces que Méhée dit n'avoir signées que comme secrétaire-greffier, ne pouvant pas être un crime quant à lui, il n'a pas le droit d'inquiéter le sieur Gueffier pour cette insertion.

Quand même il n'auroit pas signé ces pièces, sa place lui enjoignant d'y apposer sa signature, il y auroit une cause légitime d'erreur; et le sieur Gueffier ne pourroit pas être inculpé de calomnie pour les avoir publiées avec cette signature.

Dans les principes du Code pénal, après l'observation que ce ne sont pas des faits, mais deux signatures, que l'on oppose au sieur Méhée, j'ai dit qu'il lui importoit de ne pas insister sur une action qui le compromettroit plus que toutes les insertions dont il se plaint, puisqu'il en résulteroit que, pour quelques écus, il auroit accepté une place dont l'exercice devoit le conduire à la police correctionnelle ou devant les tribunaux criminels.

J'ai ajouté qu'il avoit tort de prendre feu pour une imputation dont il pouvoit se glorifier auprès de ceux de son parti, puisqu'il convient qu'il est d'un parti différent de celui du Roi, qui est celui de tous les vrais Français contre lesquels il est actuellement en insurrection.

J'ai soutenu que l'auteur du *Journal Royal*, aux termes de l'article du Code, étoit, par la nature de ses fonctions, dans l'obligation de faire les révélations qu'il a faites, et que la disposition de l'art. 367 ne lui étoit point applicable.

J'ai prétendu et je continue à prétendre que l'accusation du sieur Méhée, outre ses vices divers, est évidemment téméraire, puisqu'il lui est impossible, parmi deux ou trois cents signatures qu'il dit avoir données par jour, pendant six mois, d'affirmer qu'on ne lui aura pas fait signer les deux ordres qui lui sont attribués ;

Je dis encore qu'il y seroit non-recevable, s'il ne faisoit que renouveler l'ancienne, parce que, s'il a obtenu un jugement qu'il ne produit pas, ce seroit sa faute de ne l'avoir pas fait imprimer et répandre, pour l'opposer à la Gazette ; et cependant, d'après nos maximes en matière criminelle, il ne pourroit plus à présent revenir sur ses pas. Mais je dis surtout que son action est inadmissible, par l'invincible raison que des pièces publiées depuis dix-huit ans, revêtues de sa signature, ont acquis par sa taciturnité avec les certificateurs de ces pièces, par sa non-réclamation, tant contre le sieur Simon que contre l'auteur de la Gazette, la plus incontestable authenticité.

Maintenant, Messieurs, daignez me suivre : ce sera, au lieu de flambeau, avec des pièces à la main que j'éclairerai vos pas.

L'épouvantable Commune du 10 août, après avoir signalé son installation par l'assassinat de M. Mandat, commandant de la garde nationale, qui fut poignardé par Rossignol, en descendant les degrés de l'hôtel-de-ville, s'étoit emparée de tous les pouvoirs, et les exerçoit tous comme une horde de cannibales. Paris étoit dans la consternation; tout le monde y trembloit.

Dans le *Journal des Débats*, séance du conseil des Cinq-Cents, du 13 fructidor an 5, présidence du citoyen Siméon, voici ce que Talien vint dire pour se justifier sur l'imputation d'être un des auteurs, *comme en effet il l'étoit*, de toutes les atrocités des premiers jours de septembre : *Je ne fus jamais membre du conseil général de cette commune, je n'ai rempli auprès d'elle que les fonctions de greffier secrétaire . . . . . Depuis le 10 août jusqu'au 2 septembre je me livrai tout entier aux nombreux et pénibles travaux que les circonstances avoient attribués à la place que j'occupois; vingt jours et vingt nuits y furent entièrement consacrés. Le 1*er*. septembre je me retire pour la première fois dans mon domicile, assez éloigné de la commune, pour y prendre du repos. Le 2 septembre, à onze heures, je suis éveillé par le tocsin de cette journée à jamais déplorable.* Vil jongleur! *j'en ignorois la cause.* Menteur! menteur! *Je me rendis à mon poste; c'étoit mon devoir. Le conseil de la commune étoit déjà séparé. Les actes faits par lui dans la matinée de ce jour ne portent pas ma signature.*

Ici Talien dit la vérité ; il auroit, en ce temps, été trop facile de le confondre sur ce point, pour qu'il osât la trahir. Continuons :

Le fameux Prudhomme qui, par ses liaisons intimes avec les principaux auteurs des scènes diverses qui se sont jouées sur le théâtre ensanglanté de nos fureurs, a été plus en état que qui que ce soit, de recueillir et des pièces et des faits certains sur les diverses époques de nos discordes politiques, dit, tome 4, p. 138, de son *Histoire impartiale des Crimes de la Révolution*, « que, le 30 août, le con-
» seil général de la commune avoit pris un arrêté
» qu'il envoya à chaque section. Il étoit ainsi conçu : *Le conseil a arrêté que les sections seroient chargées d'examiner et de juger, sur leur responsabilité, les citoyens arrêtés cette nuit dernière, ou dans la matinée du jour.* Signé HUGUENIN,

président ; Méhée, *secrétaire greffier, adjoint ;* Talien ; *secrétaire greffier* (1).

Le conseil général avoit lancé des mandats d'amener pour lesquels on le traduisit, le 31 août, à la barre de l'Assemblée. En la personne de qui comparut-il ? en la personne de Huguenin, président, et de Méhée, *secrétaire.* Quand on leur demanda compte de leur conduite, *ils répondirent sans hésiter : que les pouvoirs des commissaires étoient illimités, et qu'ils étoient les représentans du souverain de Paris.* (*Histoire de la Révolutian du 10 août*, tome 2, p. 253, qui cite le journal de Brissot.) Et le sieur Méhée dira qu'il fut étranger à toutes les résolutions que prit la barbare Commune ! Il peut le dire ; mais non pas le faire croire.

J'ai raconté que Talien *s'étoit allé coucher*, après vingt jours et vingt nuits de veille, et je l'ai raconté d'après lui-même. Il ne restoit donc plus à la Commune que le sieur Méhée pour régulariser les ordres du conseil-général : aussi, Messieurs, vais-je vous produire une pièce dont l'original que j'ai vu, moi troisième, est entre les mains d'une personne qui en est dépositaire, et qui n'a pas jugé à propos de me la confier. J'ai donné son adresse à M. le Procureur du Roi. Elle est ainsi conçue :

Le conseil général *de la Commune ordonne que tous les individus détenus à la Force pour dettes, mois de nourrice, ou militaires, pour cause de discipline, soient mis en liberté sur-le-champ, en ayant soin toutefois d'examiner très-scrupuleusement les écrous, afin d'éviter qu'aucun contre-révolutionnaire puisse se soustraire à la loi.* — 2 sep-

---

(1) Cet ouvrage a paru en 1797. Qu'a fait Méhée à Prudhomme ? Il s'est tu. Que lui a-t-il dit ? Rien. Mais qui ne dit rien, consent.

tembre 1792. — *Nicoult*, *Columbeau*; MÉHÉE, *secrétaire greffier adjoint.*

Considérez, en passant, l'épouvantable audace de ces forbans municipaux, qui proclament l'abolition des dettes, qui mettent en liberté tous les militaires insubordonnés, qui ne laissent aucune espèce d'incertitude sur le sort des prétendus contre-révolutionnaires qu'ils dévouoient à des supplices pires que la mort qui les suivoit; et considérez en même temps que cet ordre n'est signé que du sieur MÉHÉE, vu l'absence de Talien. Ai-je besoin de vous dire qu'en signant cet ordre le sieur Méhée voudroit en vain prétendre avoir ignoré le sort auquel l'on réservoit ces déplorables victimes.

Poursuivons. « D'horribles assassins égorgeoient à » l'Abbaye : une lettre apportée de l'hôtel-de-ville suspend les meurtres. On l'ouvre ; la voici :

« AU NOM DU PEUPLE. *Mes camarades*, *il vous » est ordonné de juger, etc.* » C'est la première des pièces citées par la Gazette Française et réimprimées dans le *Journal Royal*. Elle est signée MEHÉE, *secrétaire greffier*, comme vous savez.

« Outre les dépôts publics dans lesquels l'authen- » ticité de cet ordre est constatée, elle l'est encore » par le n°. 199 des *Nouvelles politiques*, imprimé » en forme d'affiches, en 1796, sous le titre de » *Documens pour servir à l'histoire des massacres » des 2 et 3 septembre.* » C'est ainsi que s'exprime, page 329 de son *Histoire particulière des événemens qui ont eu lieu pendant les mois de juin, juillet, août et septembre* 1792, M. MATHON DE LA VARENNE, *jurisconsulte*, *ancien membre de plusieurs académies*, *l'un des proscrits échappés à la Saint-Barthélemi de* 1792, imprimée en 1806 (1).

(1) Cet auteur est mort il y a deux ans. Son épouse assure que dans le temps, le sieur Méhée, pour toute réponse, menaça son mari de lui faire un mauvais parti ; mais qu'il s'en tint à la menace.

Mais, Messieurs, vous croyez peut-être que le sieur Méhée se sera contenté d'être dans le secret des horreurs qui se tramoient contre les malheureux que, sur des délations, des soupçons, des haines, des ressentimens particuliers, etc., cet inexorable conseil général entassoit dans les prisons. Non, cela ne lui suffit pas; il voulut repaître ses yeux cruels de ces scènes d'antropophages, pouvoir dire : « Je les ai vus, j'en étois, » et mériter l'application de ces deux hémistiches de Virgile :

Quæque ipse miserrima vidi
Et quorum magna pars fui.
Æneid. L. 2. V. 5 et 6.

« Lecteur » dit-il dans une brochure intitulée *La vérité toute entière sur les vrais acteurs de la journée du 2 septembre.* « prends place, écoute » et vois : les masques tombent, la lumière paraît, » je lève le rideau, tu vas voir le 2 septembre. » Quel *pathos* déloyal ! « Je n'ai point entendu dire ce que » je raconte. Témoin forcé, j'ai vu ces scènes san- » glantes, où la mort hideuse, armée de sa faux » terrible, régnoit et moissonnoit aveuglément, sans » distinguer l'âge ni le sexe, ni sur-tout l'innocence, » d'avec le crime. J'ai vu des victimes sans défense » lutter et se débattre *contre ce passage subit* » *de la vie au néant.* » (pag. 16.) Vous l'entendez, Messieurs, qu'est-ce que la mort pour le sieur Méhée ? Il vous le dit avec une franchise glaçante : *C'est le passage subit de la vie au néant.* Etonnez-vous, après cela, de son antipathie pour les pieuses commémorations de nos amis, de nos parens défunts, faites dans les églises; de son aversion pour les prières que nous adressons au ciel pour le repos de leurs ames! A son sens, avons-nous une ame ? Quelle idée fantasque ! L'ame n'existe pas séparément du corps. Celui-ci passe subitement, par la mort, de l'être au néant. Ces perceptions d'un Dieu rémunérateur et vengeur, fondement de tout système social, ne sont pour le sieur Méhée que de vaines chimères. Aussi il faut voir avec quelle complaisance, *marmorisé* par son athéisme, il s'arrête sur tous les détails de l'horrible tragédie dont la prison de l'Abbaye fut le théâtre; avec quel sang-froid il présente Maillard et douze escrocs qu'il présidoit, s'organisant en commission populaire; rapporte les discours tenus et probablement concertés entre les égorgeurs et un commissaire! Il fait en homme qui a tout vu, tout entendu, et qui avoit sans danger le droit de tout entendre et de tout voir, le récit circonstancié des délibérations de la commission. Il peint chaque individu, l'âge, l'habit, la physionomie, le son de voix, les discours, qu'il récite et même qu'il altère; rien ne lui échappe. Ah! Messieurs, si je ne craignois de noircir votre imagination, de serrer vos cœurs, de troubler votre repos par les images sanglantes de ces ombres plaintives et non vengées qui, peut-être, viendroient se représenter à vous pendant votre sommeil, je vous lirois les particularités de l'assassinat des Suisses; celles de celui de M. de Montmorin, de M. Thierry, le valet de chambre du Roi; des juges de paix Bosquillon et Buob, etc., etc. Mais en m'abstenant, par ménagement pour vous, de cette lecture, je n'en demanderai pas moins au sieur Méhée ce que lui, secrétaire-greffier-adjoint de la commune, venoit faire à l'Abbaye? A quel propos il se trouvoit au milieu des bourreaux et des victimes? Pourquoi il n'interposa pas sa portion d'autorité, quelque mince qu'elle fût, pour essayer au moins de sauver quelques-uns de ces infortunés, jetés, pour être dévorés, à des léopards sous forme humaine? Je lui demanderai si son assistance et celle de son préposé (car il étoit avec le sieur Sergent), n'avoit pas pour but de veiller à ce qu'aucun de ceux que la Commune avoit fait incarcérer, n'échappât au fer des assassins ? N'étoit-il pas là pour autoriser les massacres par sa présence ? Oui, l'on peut tout conclure de son assistance à ces égorgemens, dont *son écrit n'est* (lit-on, pag. 46) *qu'une très-foible esquisse de ce qu'un homme a pu voir par lui-même des horreurs du 2 septembre.*

Mais indépendamment de son propre témoignage qu'on lui oppose, je vous ai annoncé des témoins dans la dernière audience. Eh bien, Messieurs, je suis autorisé à vous dire « que M. Bachelard, horloger, demeurant rue Montorgueil, n° 47, qui » sauva par un courage héroïque, en venant au péril de sa vie les réclamer au nom de sa section, » MM. Chignard et Laurent, est prêt à vous déclarer: » qu'il a vu les sieurs Sergent et Méhée à côté de » l'impitoyable Maillard, et lui parlant confidemment à l'oreille, pendant qu'il prononçoit, au nom » de la canaille, ses affreux jugemens, et qu'il se » garda bien de présenter le procès-verbal dont il » étoit chargé, jusqu'à ce que ces deux redoutables » personnages eussent disparu. »

Vainement le sieur Méhée se débat sous cette masse de preuves qui le pressent, qui l'accablent.

Il est démontré moralement, ou rien ne le sera, que non seulement il ne fut pas étranger aux mesures préparatoires relatives aux massacres, prises par cette commune exécrée dont il étoit le greffier, mais qu'il coopéra à leur succès, qu'il le surveilla et qu'il le protégea de toute son influence.

Acteur dans le prologue, dans la pièce, le sieur Méhée fut toujours en scène.

On le rencontre dans les préliminaires, dans le cours de l'action et dans sa clôture.

M. Mathon de la Varenne transcrit, page 409

de son *Histoire*, la deuxième des pièces signées Méhée, imprimées dans la Gazette française et citées par le *Journal royal*. Elle a rapport aux traces horribles de ces horribles journées, qu'il falloit faire disparaître.

Mais il falloit aussi se débarrasser, en les payant, de ces tueurs, furieux de n'avoir égorgé que pour enrichir des dépouilles de ces cadavres, dont la nudité crioit vengeance au ciel et à la terre, d'odieux municipaux et les infâmes organisateurs de ce complot si gigantesquement criminel. Or voici une pièce qu'il n'ose pas trop nier dans son mémoire sur le procès actuel. A la question qu'il suppose lui être faite par madame de B... *Avez-vous signé cela?* Il répond : *Je n'en sais rien.* (pag. 47). Mais il l'avoue positivement dans un mémoire et consultation, suivis d'un placet présenté au Roi le 7 juin 1814, où il convient (pag. 7) *avoir* LÉGALISÉ *la signature des trois administrateurs*. Cette pièce a été copiée comme il suit, par C. F. Beaulieu dans ses *Essais historiques sur les causes et les effets de la révolution de France*, page 121 du quatrième volume : « Si l'on doutoit encore que ces » abominables salaires ayent été effectués par ordre » du conseil de la commune, en voici une preuve » qui a été trouvée dans ses comptes. Les per» sonnes intéressées à l'anéantissement de cette » pièce n'en ont pu nier l'authenticité. » La voici : *M. le Trésorier de la Commune payera à M. Gillet-Petit quarante huit livres pour prix du temps qu'il a mis, et trois de ses camarades, à l'expédition des prêtres de Saint Firmin pendant deux jours.*

A la Maison Commune, le 4 septembre 1792 ; l'an 4 de la liberté et le 1er. de l'égalité, suivant la réquisition qui nous en a été faite par la section des Sans culottes qui les a mis en ouvrage. Si-

gné, NICOUT, GÉROME, LAMARCK, *commissaires de la Commune.*

Je certifie les signatures ci-dessus être celles des Commissaires de la Commune de Paris. Fait à la maison commune, l'an 4 de la liberté et le 1er. *de l'égalité. Bon pour la somme de quarante huit livres.* Signé MÉHÉE, *Secrétaire.*

Ainsi, Messieurs, vous demeurerez bien convaincus que, du commencement à la fin, il n'a pas cessé de tenir le fil de la *septembrisation*, et que ce n'est point sans motif qu'on a mis dans le *Moniteur* du 22 thermidor an 9, sous la rubrique de Paris, l'article suivant :

« Un journal, qui s'intituloit l'*Antidote*, a été » supprimé par un arrêté du premier consul. Con- » tresigné de *Méhée*, *le même qui avoit signé les* » *massacres de septembre*, ce journal étoit plein de » ces maximes affreuses qui ont produit tant de » maux, et qui pour jamais ont cessé de régner en » France. » Vous savez que le *Moniteur* étoit *officiel*, c'est-à-dire que les faits qu'il énonçoit étoient garantis par le Gouvernement ; mais il y a mieux, il faisoit dans le temps (le sieur Méhée) trophée de son intervention à cette œuvre infernale.

J'en ai présenté la preuve au tribunal dans une lettre remise en original à M. le procureur du Roi, et dont je reproduis l'analyse.

On y lit : « qu'un sieur Letourneur tenant un café » de son nom, rue Galande au coin de celle du » Fouarre, pourroit donner des renseignemens sur » ce fait, que le sieur Méhée, qui étoit un des » habitués de ce café, y a montré, pendant plu- » sieurs jours, des bijoux et de l'argent trouvés sur » les égorgés dans les prisons, et qui lui avoient été » remis par les exécuteurs de ces massacres, lesquels, » vertueux républicains, n'avoient pas voulu s'ap-

» proprier les effets de pareils aristocrates; que sur » le blâme général de ceux qui fréquentoient le café, » il s'étoit décidé à porter ces objets à la commis- » sion, dont il avoit un reçu. »

Et l'auteur de la lettre continue ainsi : *M. Méhée se rappellera sans doute que quelques jours après, je le rencontrai rue Saint-Honoré, marchant à côté de M. N... à qui il se plaignoit d'être calomnié et mis au nombre des septembriseurs. Lorsque j'entendis prononcer le nom de* MÉHÉE *, et* DE CALOMNIE, *je pris la parole et dis à M. N... ce qui s'étoit passé au café* Letourneur. *Aussitôt M. N... s'effaça et me dit : Voilà M. Méhée, que je ne connoissois pas. — J'en suis fâché pour vous; mais le fait est-il vrai? Il nous dit : qu'à la vérité il lui avoit été remis de l'argent et des bijoux venant des septembrisés ; qu'il les avoit gardés quelques jours, et qu'il les avoit remis à la commission, dont il possédoit le reçu. Je lui fis le reproche que les habitués du café Letourneur lui avoient déjà fait en ajoutant qu'il ne pourroit jamais se laver d'avoir trempé ses mains dans une pareille action, et je le laissai avec M. N.... qui avoit partagé avec moi l'opinion que l'on avoit sur son compte.*

Maintenant, que le sieur Méhée s'agite, se tourmente, qu'il pirouette comme un de ces animaux domestiques à qui un enfant vient d'attacher au cou un lambeau d'étoffe d'une couleur qui blesse sa vue; il perdra son temps et ses fatigues. Le surnom de *septembriseur*, qui lui a été donné par la biographie, lui restera éternellement. Au fond, il lui appartient, et à plus juste titre que celui de *De la Touche;* car ce dernier lui vient par succession ; mais l'autre est le prix de ses travaux : il l'a conquis; qu'il le garde. Quelqu'un oseroit-il le lui contester désormais ?

J'avois cru que le sieur Méhée voudroit tirer avantage de son pamphlet, *La vérité toute entière sur les vrais acteurs de la journée du 2 septembre*, pour se disculper, et vous dire « qu'il n'au» roit pas recommandé à la malédiction des contem» porains et aux anathèmes de la postérité cet épou» vantable attentat à tous les droits et à tous les de» voirs, s'il y avoit participé. » Je me suis trompé; il a pris un tout autre parti : il a nié, à cette audience, qu'il eût composé la brochure; mais il l'a nié avec autant de raison et d'honneur, qu'il a nié intrépidement devant vous, Messieurs, que la biographie l'appelât *septembriseur*, tandis qu'à son article, tom. 3, pag. 317 de l'ouvrage, cette épithète qui lui est appliquée, est imprimée en italique; ce qui la rend d'autant plus remarquable, que, dans les deux colonnes, c'est le seul mot qui soit de ce caractère.

Or je vais le forcer d'avouer qu'il est l'auteur de cet écrit.

Il convient qu'il a fait *la Queue de Robespierre*, signée *Felhemesi*, anagramme de *Méhée fils*.

Il convient qu'il a fait *Rendez-moi ma Queue*, signé *Felhemesi*.

Il convient qu'il a fait *Défends ta Queue*, encore signée *Felhemesi*.

Mais comment peut-il se défendre d'avoir composé *la Vérité toute entière, etc.*, signée de même, *Felhemesi?* Un auteur qui veut garder l'anonyme ne signe pas; et quand il signe, il ne va pas prendre le *nom de guerre* d'un autre, qui ne manqueroit pas de se formaliser de cette piraterie, sur-tout quand le mot n'est qu'une transposition de lettres qui cache un véritable nom.

Et j'ai quelque chose de plus à lui opposer. Il a rapporté, pag. 143 de son Mémoire, une réclamation de son épouse, adressée aux rédacteurs du *Moniteur*, sur l'article cité plus haut ; on y distingue cette phrase : *L'auteur de l'article dont je me plains, ignoroit sans doute que mon mari écrivoit à l'époque des massacres contre ceux que l'opinion d'alors en accusoit ; qu'il affichoit ses attaques et invoquoit contre eux la vengeance des lois.* Quelqu'inexacte que soit la dame, soit quant à l'époque où parut la pièce, soit quant à son contenu, que le sieur Méhée indique donc un autre ouvrage de lui, où il soit question de la journée du 2 septembre, autre que *Toute la vérité!* On prend la liberté de l'en défier.

Est-ce tout ? Non. Je viens de le mettre en présence de son épouse, je vais l'opposer à lui-même.

A la tête de cet opuscule, *la Vérité toute entière*, il y a une espèce de préambule A MES CONCITOYENS, qui débute par ces lignes : « Lorsque je commençai, » mes chers frères, à m'entretenir avec vous de *la* » *queue de Robespierre*, je croyais la *tête* du » monstre coupée, etc. » C'est donc l'auteur de *la queue* de Robespierre qui a composé l'ouvrage qui va suivre. Mais cet auteur est M. Méhée fils. M. Méhée fils est donc l'auteur de *Toute la vérité*. Ce qu'il falloit démontrer comme parlent les géomètres.

Mais pourquoi le sieur Méhée renie-t-il ainsi sa progéniture ? En voici la raison. Il a eu beau se démener, cet homme que la nature a créé subalterne l'a toujours été ; malgré ses continuels batelages, il n'a, dans aucun temps, pu parvenir à se placer en première ligne, et il n'a jamais été, pour me servir d'une de ses expressions favorites, que le *porte queue* alternatif de ceux qui s'étoient emparés d'une portion de puissance, soit à la Commune, soit à la Législative, soit à la Convention, soit au Directoire.

Mais ses patrons, après l'avoir connu, se sont tous hâtés de se débarrasser de ce mauvais caudataire; et alors, devenu leur implacable ennemi, il a pris cette plume qu'il tient pour aussi redoutable que la lance de ce paladin si fameux dans l'Arioste, qui renversoit tout ce qu'elle touchoit, et il a blasonné de toutes les couleurs, et *diffamé à dire d'experts*, ceux qui, ne reconnoissant pas l'éminence de son mérite, l'avoient ignominieusement chassé d'auprès d'eux comme un agent tout-à-la fois infidèle et peu capable.

Et c'est de-là que partit la brochure : *Toute la vérité sur les vrais acteurs de la journée du 2 septembre* 1792, *et sur plusieurs journées et nuits secrètes des anciens comités de gouvernement*, signée *Felhemesi*; elle est moins une détestation des infamies de cet affreux jour, qu'une âcre sortie contre Barrère, Billaud-Varennes, Cambon, Hubert ou le Père Duchesne, Vincent, Carrier, Robespierre, Collot, Vadier, Fouché, Fréron, Fouquier Tinville, Brissot, Gorsas, dont il avoit à se plaindre (1), et l'on y trouve l'apothéose du monstre Danton, l'éloge de Camille Desmoulins, cet écrivailleur niais et cruel qui se faisoit appeler le procureur-général de la lanterne, et qui fut, dans le temps, soupçonné d'avoir tué sur la place de Grève, d'un coup de pistolet par derrière, M. de Flesselles. S'il n'ose pas justifier les massacres, il en rejette la cause sur une effervescence populaire qu'il motive, et sur des meneurs dont il ne nomme que Billaud-Varennes; tandis que personne n'ignore que Talien, Marat, Robespierre, Pétion, Danton, Manuel, Panis, Sergent

---

(1) Il y a pourtant quelques anecdotes qui peignent bien le temps et les hommes de ce temps. On y apprend que le père Duchesne, cette ordure populacière, prétendoit au ministère de l'intérieur, en concurrence avec l'histrion Collot-d'Herbois. On riroit si on n'étouffoit pas d'indignation.

et les autres membres de la commune, imaginèrent et provoquèrent cet horrible carnage civique. S'il parle d'une proclamation qui se publie dans Paris pour inviter les patriotes à voler à l'instant au secours de leurs frères (pag. 20), il se tait sur la Commune qui l'avait faite. Il ne révèle rien, et sans doute par prudence, sur les véritables auteurs, qu'il connoissoit mieux que qui que ce fût, du massacre sacrilége de St.-Firmin, des Carmes et de toutes les prisons où des monstres violant les saints droits de l'humanité, foulant au pied les commandemens de la religion et outrageant le ministère de la justice, allèrent, sans trouver de résistance, à la honte de notre population, s'enivrer du sang de leurs frères dont ils étoient altérés; mais on y trouve : *que le vœu de la nation française est prononcé solennellement pour la république... Point de patrie sans patriotes, point de cité sans citoyens.* C'est ainsi que le sieur Méhée termine sa composition.

Souffrez, Messieurs, qu'ici je vous soumette l'idée que l'on avoit prise en France d'un patriote, pour que vous jugiez de la sincérité de ce vœu solennel, émis, selon M. Méhée, par les Français, pour une république.

« *Observez les Français*, sur-tout dans les » campagnes, vous verrez que chacun a formé » tacitement dans sa tête deux classes entièrement » distinctes de ses concitoyens; que dans l'une » il range tout ce qu'il y a d'êtres paisibles, » doux, faciles à s'alarmer, et que c'est là ce qu'il » entend par les aristocrates; que dans l'autre il » range *tout ce qui s'est armé de l'insensibilité,* » *de l'effronterie, de l'impudeur, du sarcasme,* » *de l'impiété, et que c'est là ce qu'il entend par* » *les patriotes.* »

Ce passage est tiré de la page 109 d'un Mémoire

de M. Carnot. J'espère que le sieur Méhée ne récusera pas une pareille autorité.

Je n'aurois pas rempli ma tâche, Messieurs, si je ne jetois pas un *coup-d'œil* sur le Mémoire que le sieur Méhée a publié comme contenant son apologie. J'abrégerai sur cet article, quoique la matière soit ample.

Pour vous mettre à portée de le connoître, je ne ferai guères que de l'opposer à lui-même; vous jugerez *le bon, l'honnête* M. Méhée (*Voy.* son mémoire, pag. 42), d'après M. Méhée, qui ne vous paroîtra *ni bon, ni honnête*. Vous verrez que ses tentatives pour changer sa réputation ne peuvent être qu'absolument vaines. Eh ! quand il viendroit à bout de se soustraire à ce mépris universel qui s'est emparé de lui, échapperoit-il à sa conscience?

Les douze premières pages de son mémoire sont employées à une distillation de calomnies sur un membre de l'Institut, M. Michaud, qu'il nomme. Cet écrivain célèbre autant qu'estimable est bon pour se défendre ; il le fera sûrement mieux qu'aucun autre, s'il croit que les déblatérations d'un Méhée vaillent la peine qu'on s'y arrête.

Je vais parcourir très-rapidement la notice que celui-ci nous donne de lui, et je me contenterai de remplir quelques lacunes et de relever quelques erreurs ; car je ne finirois plus si je voulois épuiser la matière.

Le sieur Méhée se dit fils d'un médecin de Paris ; ceux qui ont connu son père, et qu'il a saignés, assurent qu'il étoit chirurgien. Il y a apparence que cette métamorphose de profession est motivée par la crainte qu'au peu de répugnance qu'il a à voir verser le sang, on ne prétende reconnoître que l'auteur de ses jours fut un homme accoutumé à le faire couler.

Il voyagea pendant sept ans en Pologne et en Russie : en quelle qualité ? Il ne le dit pas ; mais il assure que, malgré le bruit contraire, il n'a été chassé ni de Pologne, ni de Russie (1).

De retour en France, vers la fin de 1791, temps où l'affreuse anarchie avoit levé parmi nous son funèbre étendard, il s'enrôla sous ses bannières, et fut un des plus ardens soldats de la liberté ; il s'en vante, page 15 de son Mémoire.

Le sieur Méhée se montra, et vous vous en doutez bien, un sectionnaire assidu ; aussi vit-il récompenser son zèle. On le choisit pour représenter la section du Panthéon à la Commune, et bientôt après il fut, comme je vous l'ai fait observer, nommé, par cette commune insurrectionnelle, secrétaire greffier, adjoint à Tallien qui étoit secrétaire greffier en chef. La vanité du sieur Méhée ne lui a pas permis de rendre compte de cette circonstance. Le poste n'étoit pas brillant ; mais il étoit lucratif.

C'étoit la place qu'il occupoit lors des affreux assassinats à Saint-Firmin, aux Carmes et aux prisons : histoire sur laquelle il saute à pieds joints dans son Mémoire.

Vous ne pouvez pas douter, d'après la flamme de républicanisme qui le dévoroit et qui le brûle encore, il n'en disconvient pas, qu'il n'ait été admis à tous les conciliabules, qu'il n'ait participé à toutes les résolutions prises pour organiser les égorgemens et mettre en œuvre les égorgeurs. Il est certain que les ordres que je vous ai cités ont été signés par lui. Je l'ai convaincu d'avoir eu la barbare constance

(1) Il y a bien dans le Moniteur de 1791 une lettre de lui, dont on pourroit tirer quelques inductions qui lui seroient peu favorables ; mais il faut faire grâce au sieur Méhée, de peur que nos lecteurs ne nous la demandent.

d'assister aux carnages de l'Abbaye, et d'avoir eu le courage inhumain d'en écrire la révoltante relation. Il a connu les paiemens faits aux massacreurs; il a contribué à les ordonnancer. Et à toutes les preuves que je vous en ai données, j'en ajoute une à laquelle je le défie de répondre. Vous ne la lirez pas sans émotion.

COMMUNE DE PARIS.

Premier Rapport sur l'emploi des 100,000 *liv.*, *décrétées le* 22 *août* 1792, *pour dépenses extraordinaires de la Commune.*

(Séance du mercredi matin, 19 décembre 1792, l'an 1er de la République.)

Ce rapport est signé BURTÉ, DAVID, DE LA DREUX jeune.

CHAPITRE IV.

Il ne contient qu'un seul article, parce que vos commissaires vérificateurs n'ont pu l'assimiler à aucun autre; cet article, sous le n°. 224, *p.* 25 *du bordereau du trésorier, s'exprime dans les termes suivans :*

« Mandat du 4 septembre, signé Nicoult, Jérôme,
» Lamarck, commissaires de la commune, *visé*
» Méhée, au profit de Gilbert Petit, pour prix des
» journées qu'il a employées avec ses camarades,
» quarante-huit livres. »

Vos commissaires-vérificateurs, scrupuleusement attentifs à leur devoir, et ne perdant pas de vue l'importance de l'obligation que vous leur avez imposée, n'ont pas manqué, pour cet article, comme pour tous les autres du compte, d'en comparer le libellé avec la pièce correspondante et qui en justifioit la mention numérique au bordereau. Ils ne diront rien du sentiment douloureux qu'ils ont dû éprouver en faisant cette comparaison ; le Conseil-général va juger à quel point leur tâche a été pénible, par la nécessité où ils se trouvent de lui donner lecture de la copie de la pièce justificative de l'article ci-dessus, copie que le trésorier a refusé de certifier conforme à l'original resté entre ses mains, copie que nous n'avons pas pensé devoir insérer dans notre rapport.

NOTA. *Lecture de cette copie a été faite au conseil général, au moment du rapport.*

Voyez ci-dessus la pièce entière, p. 57 et 58, et que le sieur Méhée dise ce qu'il voudroit de plus (1).

Le sieur Méhée, si succinct dans son mémoire sur les journées de septembre, et si silencieux sur la part très-active qu'il y prit, ne tarit pas sur les services qu'il a rendus aux nobles et aux aristocrates ; sur les passe-ports de complaisance qu'il leur a expédiés ; sur les faux qu'il a faits pour les obliger ; sur l'affiche qu'il a composée et fait placarder avec profusion en faveur du Roi ; sur les écrits qu'il a fait distribuer et brûler ; sur ses correspondances avec les agens des princes ; sur ses infructueuses négociations pour sauver la personne sacrée de Louis XVI, et sur les 1,800,000 fr. qu'on dut lui faire passer pour remettre à un M. S..., et sur l'opinion *d'être royaliste*, qu'il donna de lui aux membres de la Commune, quoiqu'il fût *plus républicain qu'eux*. (Voy. p. 16 à 34 du mémoire.)

---

(1) Le rapport est entre les mains du Ministère public.

Je ne conçois pas la manœuvre de cet exquis républicain qui expose son repos, et même sa vie, pour l'intérêt des ennemis implacables de son parti, et j'avoue qu'il n'y a pour moi qu'une seule manière de l'expliquer, c'est qu'il exploitait là une mine *richissime*, et que, moyennant argent, il est homme à tout faire. Effectivement, tout en vantant son désintéressement, il ne laisse pas d'avouer, pag. 32, « que Madame Bertrand lui remit un jour 2000 fr. » *pour ses petits frais.* » A la vérité, il fait remarquer que c'étoit *en assignats*; mais 2000 fr. d'assignats valoient toujours au moins 1200 livres, et ses *menus frais* étoient assez bien payés.

Peut-être le sieur Mébée trouvera-t-il mauvaise ma manière d'interprêter son manége. Qu'il s'en prenne à lui, c'est sa faute. On ne se défait pas de l'opinion qu'un individu nous a donnée de lui, comme d'un vêtement; elle tient à lui, elle tient à nous, malgré que nous en ayons et nous et lui.

Maintenant, qu'importent ses rapports avec MM. Bertrand, de Bonnœuil et Flabaut; sa démission de la place de secrétaire-greffier, qui pourroit bien n'avoir pas été aussi volontaire qu'il l'annonce; sa nomination au grade de capitaine de charretiers, sa destitution pour *cause d'incivisme*, par le représentant Bar; ses merveilleuses *queues*, dont la première se débita en huit jours à 70 mille; son attachement imperturbable aux maximes républicaines, malgré les invitations pressantes de madame de B...., et les menaces qui les suivirent; ses nominations aux places de secrétaire-général de la guerre, et de chef de la 2e division aux Relations extérieures, dans lesquelles à peine lui laissa-t-on le temps de s'asseoir à son bureau; son procès Baraleyre, que j'ai discuté, son défi aux journalistes, ses deux déportations à Dijon et à l'île d'Oleron au moment où il attaquoit les auteurs des feuilles périodiques qu'il vouloit forcer à l'estime pour ses qualités morales, et à la considération pour ses talens littéraires ? Tout cela seroit assez indifférent s'il ne vous en restoit pas l'impression : que cet homme, essentiellement brouillon, cabaleur, factieux incorrigible, ennemi né de toute autorité, n'a pu s'accommoder d'aucun régime ; que, serf d'un mauvais génie, il s'imagine avoir été envoyé en mission sur la terre par l'insubordination, et qu'en prêchant la révolte il remplit son noir apostolat.

Ne croyez pas pourtant, Messieurs, que ce soit sans précautions qu'il donne ses leçons d'indépendance. Ce n'est que quand, après avoir sondé le terrein, il croit qu'il n'y a point de danger à monter en chaire et qu'on y peut faire son profit, qu'il y monte. Aussi, Buonaparte, qui le connoissoit bien, et qui l'avoit apprécié, ne voulut, lui, le charger que d'une seule commission, celle de s'avilir aux yeux de toute l'Europe. Et Méhée accepta la commission. Il s'en acquitta.

Je ne dois pas taire ou déguiser, comme lui, ce trait qui le dévoile tout entier, et qui vous fera juger du prix qu'il peut mettre à cette réputation qui paroît faire l'objet de la contestation qu'il élève aujourd'hui.

Déporté dans l'île d'Oleron par le Corse, le sieur Méhée s'évade, et vient, à l'aide d'un passeport qu'il dit avoir fabriqué, à Paris, où il demeure huit jours au sein de sa famille. On se demande pourquoi, au lieu d'aller droit en Angleterre, il voulut passer par Paris ?

Le sieur Méhée dit : « que c'étoit pour faire adop-« ter à ses amis (page 69 de son mémoire) son » projet de réunion des jacobins aux royalistes ; » et d'autres disent : « que ce fut pour se faire autoriser » par les agens secondaires de la police à aller jouer le » rôle abject de sycophante auprès des ministres

» anglais, des princes et des émigrés. » Quoi qu'il en soit, il arrive à Londres. Qu'y fait-il ? Il se donne pour le représentant des frères et amis répandus sur le sol de la France, et le chef d'un comité qui siége à Paris et a des correspondances dans tous les départemens, qu'il peut faire insurger, et dans les armées, qu'il peut faire soulever. Il compose un plan de contre-révolution que le ministère anglais accueille, et il se rend ensuite sur le continent, pour y travailler, avec les passeports et sur-tout l'argent de l'Angleterre. Il est précieux de l'entendre lui-même triompher de son immoralité.

» On me remit deux cents louis pour ma route ;
» dont cent pour deux mois d'appointemens. De
» plus, cinq cents livres sterlings pour remettre à mon
» comité ; mais comme ce comité étoit tout entier dans
» ma tête, je crus pouvoir regarder cet argent
» comme arrivé à sa destination. » (*Alliance des Jacobins*, pag. 76.) Qu'une gentillesse est bien placée à côté d'une infamie !

Au reste, comment, arrivé à Hambourg, il alla trouver un agent de Buonaparte, comment il lui confia tout ce qu'il avoit tramé avec les Anglais qui le croyoient un Jacobin de la plus grande influence ; comment il vit un M. Drake, s'insinua dans sa confiance, connut la plus grande partie de ses secrets, vint à Paris, les livra à la police, avec ceux qu'il avoit surpris au général Villot, avec le nom de tous ceux dont on lui avoit donné l'adresse ; comment il entretint, sous la direction de cette même police, une correspondance, dans laquelle, changeant de nom, de ton et de rôle, selon les circonstances, il a, sous divers prétextes, escroqué cent quatre-vingt-douze mille livres au gouvernement anglais ; comment il fut instruit de l'affreuse destinée du dernier rejeton d'une famille féconde en héros ; le blasphême qu'il se permit sur cet événement; tout cela se trouve consigné dans l'ouvrage intitulé : *Alliance des Jacobins de France avec le Ministère Anglais ; les premiers représentés par le citoyen Méhée ; etc.* publié en Germinal an 12.

Le sieur Méhée essaie en vain de se défendre d'être l'auteur de cet ouvrage, dans lequel il a osé insérer les plus révoltantes calomnies contre ce que nous avons de plus auguste ; où il déchire à belles dents tout ce qu'il nomme, et où il nomme tout ce qu'il a connu de Français attachés à la cause de leur souverain légitime ; où, pour vous en citer un exemple, il traite un ancien ministre qui lui avoit rendu le service de le cautionner, « d'usurier, de fabricateur » de faux assignats, qui ont conduit à la guillotine » M. de Flahaut, à qui il en avoit envoyé, et » qu'il laisse périr quand il peut le sauver par un » sacrifice d'argent qu'il refuse. » Il ajoute : « que » pour assouvir son avarice, il a fait tenir de ces » faux assignats à sa propre femme, laquelle s'en » étant servie, traduite devant les tribunaux, n'é» chappa que par une sorte de miracle au sort de » M. Flahaut. » Enfin il ne balance pas à le qualifier » d'escroc, qui a retenu une partie de ce qu'il avoit » touché pour lui Méhée, du ministre d'Angleterre. »

Il est certain que le fond et la forme du livre appartiennent au sieur Méhée. Personne que lui ne pouvoit savoir ce qu'il raconte de ses aventures, personne que lui ne pouvoit les rendre comme elles sont rendues. C'est partout son style apprêté, froid, sec, souvent incorrect, toujours inégal, sans verve, sans couleur, où l'on sent, dans les efforts qu'il fait pour être plaisant, son impuissance de l'être, et son peu d'érudition dans l'affectation d'en montrer même de la plus triviale.

Il a voulu faire entendre qu'il n'avoit fait que prêter son nom au duc de B... Pourquoi, en ce cas, ne lui a-t-il pas intenté le procès qu'il intente au sieur Gueffier? Qu'a-t-il à craindre maintenant de cet ex-ministre Buonapartien? Rien, que d'en être confondu.

Si sa réputation lui étoit un peu chère, et qu'il fût en effet, comme il le dit, une victime de l'oppression (1), comment a-t-il pu un instant ne pas obéir aux cris impérieux de son honneur? Pourquoi balancer, hésiter devant le seul parti qu'il ait à prendre? Est-ce en gardant le silence qu'il se lavera du rôle infâme qu'il a joué, en servant l'usurpateur, par qui il fut muselé, saccadé, conspué, rejeté? Se lavera-t-il, en se taisant, de ce que je vais vous lire :

« Je revenais de faire une petite tournée et de visiter les différens rassemblemens d'émigrés et » d'agens anglais » (il étoit question d'un voyage à Offembourg), « lorsqu'on me remit le rapport de » mon aide-de camp..... J'écrivis à M. Drake (l'agent » anglais), avec ma plume de général » (il avoit pris le rôle d'un général), « une lettre de remercîmens » pour les conseils et l'argent qu'il venoit de m'en» voyer... Je demandois deux cent mille livres sur » le champ, et que l'on m'en apprêtât autant toutes » les semaines pendant les deux premiers mois de » l'insurrection que j'allois commencer. Je joignois » à cette demande l'avis que l'on alloit faire sur la » rive droite du Rhin une arrestation qui étonne» roit toute l'Europe. »

Et là il a placé la note suivante : « Le temps étoit » calculé de manière que M. Drake reçût cette lettre » à-peu-près le même jour qu'il apprendroit l'arres-

(1) « Le sieur Méhée, qui alors (quand on imprimoit l'*Alliance* » *des Jacobins*,) étoit à-peu-près prisonnier. » (Mémoire sur Procès, p. 75.)

» tation d'un soi-disant prince qui croyoit ses » crimes à couvert sous le manteau de l'hospitalité » qu'il violoit lui-même, et de son ancienne qua- » lité.» (*Alliance des Jacobins*, pages 257 et 258.) Et c'est ainsi que le sieur Méhée s'exprime sur un événement qui frappa de stupeur, plongea dans la consternation et le deuil la France entière, les Iles et tous les lieux des deux continens où il fut connu !

Je ne vous dissimulerai pas que le sieur Méhée assure dans une note (pag. 92 de son Mémoire) : » qu'il a désavoué, il y a cinq ans, ce livre publié sous » son nom, et qu'il a déclaré *qu'il étoit l'ouvrage du* » *gouvernement.* » Il cite en preuve quelques passages d'un Mémoire qu'il fit alors dans une affaire particulière.

Mais d'abord on sait ce que vaut un désaveu du sieur Méhée. Ensuite il est bien certain qu'il n'auroit pas osé le faire ; mais en troisième lieu il est plus sûr encore qu'il ne l'a pas fait. Les phrases vagues qu'il transcrit peuvent s'appliquer à tout ce dont il se plaint sans cesse, des insertions calomnieuses dans les journaux officiels et autres, et pour l'homme le plus attentif n'ont aucun trait direct à *l'Alliance des Jacobins*.

Qu'il garde donc cet écrit avec l'argent et l'ignominie qui lui en sont revenus.

Aussi bien n'auroit-il point de moyens de le jeter loin de lui ; car, ne lui dira-t-on pas toujours : ou vous aviez, comme vous le dites encore, *des moyens personnels d'influence et de crédit* (Mém., p. 74), et expliquez-nous pourquoi, abrité par la police de Paris, vous n'en avez pas fait usage en trompant Buonaparte, et même M. Drake, pour servir la cause de la France, en servant les Bourbons ? Ou tout ce que vous avez avancé aux ministres anglais n'étoit qu'une fourbe insigne, un plat et lâche mensonge, qui ne tendoit qu'à la consommation d'une basse escroquerie, d'un vil larcin; et alors comment ne rougissez-vous pas de vous montrer? comment la honte, au défaut du remords, ne vous a-t-elle pas encore étouffé? Que si vous n'êtes accessible ni à la honte, ni au remords, quel homme êtes-vous?

Un homme bien dangereux : car si, pour vous disculper, vous allez prétendre que vous n'avez pas voulu faire agir le parti dont vous étiez l'ame, que n'auroit-on pas à redouter de ce même parti encore existant et que feroit mouvoir une ame comme la vôtre!

Ceci vous regarde, Messieurs, en votre qualité de gardiens de la loi et de surveillans de la conduite politique et morale des membres de la société civile.

Je ne pousserai pas plus loin le sieur Méhée; mais vous voyez avec quelle témérité, quelle impudente audace il vous a déféré celui que je défends, pour un prétendu délit dont la preuve plus que légale vous est acquise. Je dis plus que légale, car vous avez son aveu, et l'aveu l'emporte sur toutes les autres preuves. En effet, qu'une lettre-de-change, qu'un acte notarié, qu'un jugement même, qui forment bien une preuve légale, soient opposés à un adversaire : l'aveu contraire détruit le titre « et fait pleine » foi contre celui qui l'a fait. (Art. 1356 du Code.) La loi ôte aux juges tout exercice de ses fonctions quand il y a aveu. Ils ne peuvent que confirmer la sentence qu'a prononcée celui qui confesse. *Nullæ partes sunt judicandi in confitentes*, ff. ad Leg. Aquil., l. 25.

Mais quant aux ordres des 2 et 4 septembre 1792, n'avons-nous pas l'aveu tacite du sieur Méhée, qui, pendant plus de dix-huit ans, s'est laissé attribuer les signatures qu'il voudroit aujourd'hui méconnoître?

Ces ordres sont, d'ailleurs, de nulle importance,

il en convient ; c'est ce qu'on infère de ces ordres, qui le touche. On en conclut : qu'il a eu connaissance des sanglantes dispositions de la Commune pour les abominables massacres des 2 et 3 septembre. Vous vous rappelez ce que je vous en ai dit. La vérité, c'est qu'il a signé l'ordre de mettre en liberté les débiteurs et les militaires insoumis, qu'il est forcé d'avouer qu'il a, en quelque sorte, affermi par sa présence le bras des massacreurs de l'Abbaye, puisqu'il a écrit l'histoire de leurs affreuses prouesses, comme *témoin oculaire*, et que, d'ailleurs, on l'a vu conférer avec Maillard lors du carnage civique, et qu'il est convenu avoir légalisé la signature de trois administrateurs ordonnant le payement de Gillet-Petit, et ce que désormais il nieroit vainement à côté du rapport qui vous est produit. Quant à la suite de ces journées qu'il appelle *lamentables*, relativement aux dépouilles de ces malheureux assassinés, vous connaissez les inculpations qui lui ont été faites, et vous savez qu'il n'y a pas répondu.

Ne devez-vous pas, Messieurs, dans cet état de choses, justice au sieur Gueffier de l'accusation méchamment intentée contre lui par un homme qui, sans cesse accusé d'avoir été le fauteur d'atrocités que désavoueraient les peuples les plus féroces, est convaincu devant vous d'y avoir figuré activement et barbarement ; qui, toujours harcelant et toujours harcelé, exilé, déporté, finit par se couvrir de fange en publiant un livre où son portrait, fait par lui-même, est celui d'un homme sans loyauté, sans probité et sans honneur ?

Et cet homme se plaint de ce qu'on attaque sa réputation ? Et comment s'y prendrait-on pour dire de lui pis qu'il n'en a dit lui-même ?

Mais, Messieurs, ne tiendra-t-il donc qu'à détourner de ses occupations un citoyen tranquille ; qu'à troubler son repos, qu'à lui faire consumer ses momens en recherches, en courses fatigantes, à le présenter comme un calomniateur aux discoureurs des salons et des cafés, et surtout à vous, Messieurs ? Et ferait-on cela avec impunité ?

Oh ! nous avons, grâces au ciel, des lois qui ne le souffrent pas.

L'art. VII du tit. 3 de l'Ordonnance de 1670 veut : « Que les accusateurs qui se trouveront mal » fondés soient condamnés aux dépens, dommages » et intérêts des accusés, et à plus grande peine, » s'il y échéoit. »

Or, quel accusateur fut jamais plus *mal fondé* que le sieur Méhée ? Le sieur Gueffier peut donc se reposer sur votre amour de l'ordre, vos lumières et votre impartialité.

Je partage ses sentimens et je persiste avec confiance dans mes conclusions.

FALCONNET.

Voici un article qui ne sauroit paroître un hors-d'œuvre. Je l'aurois employé ; mais il n'auroit pu être placé dans le corps du plaidoyer que comme un épisode. Il n'est nullement question des prisonniers d'Orléans au procès, et cependant il n'est pas indifférent de prouver que le sieur Méhée se mêloit de tout, et qu'en général ce qui regardoit les massacreurs et les massacrés étoit exclusivement de son ressort. Au reste, on n'apprendra pas sans en être édifié, avec quelle exactitude, avec quelle circonspection délicate il s'acquittoit de son emploi, et sur-tout comment il surveilloit les procès-verbaux des effets que les commissaires déposoient à la commune.

Extrait des Annales de la République française, No. 55, pag. 350.

Paris, le 24 février 1793, l'an 2 de la République.

« On va poursuivre aussi les dilapidateurs des effets pré-
» cieux appartenant aux prisonniers d'Orléans. Ceux entre les
» mains desquels ces effets avoient été déposés, avec un
» procès-verbal descriptif, par un commissaire nommé
» Fournier, avoient répandu que ce particulier s'étoit enfui
» en Angleterre, et pour se mettre à couvert ils avoient lancé
» un mandat contre lui. Fournier, qui n'étoit pas émigré, a
» comparu et a déclaré à la tribune du Conseil, qu'il alloit
» rendre publique la conduite de ceux qui l'avoient calomnié
» et qu'il a formellement dénoncés comme des brigands et des
» voleurs. Le secrétaire-greffier Méhée avoit reçu le procès-
» verbal des effets et en avoit donné un récépissé; il a
» déclaré ensuite que cette pièce s'étoit glissée, sans doute,
» avec d'autres papiers remis par lui à l'administration de
» police, puisqu'il ne savoit pas ce qu'elle étoit devenue.
» Le conseil, qui s'étoit d'abord contenté de l'excuse de
» Méhée, a arrêté que sa réponse n'étoit pas satisfaisante, et
» qu'il rendroit compte du procès-verbal. »

De l'Imprimerie de P. Gueffier.

www.ingramcontent.com/pod-product-compliance
Ingram Content Group UK Ltd.
Pitfield, Milton Keynes, MK11 3LW, UK
UKHW020318220726
13923UKWH00003B/1225